33 Controversial German Conversations

German Interlinear Reader

Brian Smith

Copyright 2024

Brian Smith

Demokratie vs. Monarchie: Welches ist die stabilere Regierungsform?

Anna (Pro Demokratie): Also, ich finde, dass die Demokratie die beste Regierungsform ist, Lukas. Sie gibt den Menschen eine Stimme und sorgt dafür, dass Macht nicht in den Händen weniger konzentriert ist. Jeder Bürger hat das Recht, seine Meinung zu äußern und an Wahlen teilzunehmen. Das ist doch der Kern von Freiheit, oder?

Anna (Pro-Democracy): So, I think that democracy is the best form of government, Lukas. It gives people a voice and ensures that power is not concentrated in the hands of a few. Every citizen has the right to express their opinion and participate in elections. That is the essence of freedom, right?

Lukas (Pro Monarchie): Ja, Anna, aber schau mal, was passiert, wenn jeder eine Stimme hat. Du siehst es doch selbst: Chaos, Streit, politische Instabilität. In einer Monarchie hingegen hast du eine klare Führung. Der König oder die Königin haben ein langfristiges Interesse am Wohl des Landes, weil sie es über Generationen hinweg regieren. Sie denken nicht nur an die nächsten Wahlen, sondern an die Zukunft des ganzen Reiches.

Lukas (Pro-Monarchy): Yes, Anna, but look at what happens when everyone has a voice. You see it yourself: chaos, conflict, political instability. In a monarchy, on the other hand, you have clear leadership. The king or queen has a long-term interest in the country's well-being because they rule over generations. They don't just think about the next elections but about the future of the entire realm.

Anna: Aber ist es nicht problematisch, dass in einer Monarchie das Volk gar nichts zu sagen hat? Stell dir vor, der Monarch trifft eine falsche Entscheidung – das ganze Volk muss darunter leiden! In einer Demokratie kann man zumindest die Regierung abwählen, wenn sie Mist baut.

Anna: But isn't it problematic that the people have no say in a monarchy? Imagine the monarch makes a bad decision – the whole population suffers! In a democracy, at least, you can vote out the government if they mess up.

Lukas: Das stimmt schon, aber wie oft passiert es, dass demokratisch gewählte Regierungen genauso schlechte Entscheidungen treffen? In einer Demokratie ist oft jeder nur auf seinen eigenen Vorteil bedacht, und die Politiker versprechen das Blaue vom Himmel, nur um gewählt zu werden. In einer Monarchie gibt es Kontinuität, Stabilität und Erfahrung. Ein Monarch wird von klein auf darauf vorbereitet, zu regieren. Er oder sie hat nicht nur eine kurzfristige politische Karriere im Kopf.

Lukas: That's true, but how often do democratically elected governments make just as bad decisions? In a democracy, everyone is often only focused on their own benefit, and politicians promise the moon just to get elected. In a monarchy, there is continuity, stability, and experience. A monarch is prepared from a young age to rule. They don't just have a short-term political career in mind.

Anna: Aber was ist, wenn der Monarch inkompetent ist oder gar tyrannisch? Es gibt doch keine Garantie, dass jemand, nur weil er in eine königliche Familie geboren wurde, auch fähig ist zu regieren. In einer Demokratie wählen die Leute jemanden, der ihre Interessen wirklich vertritt, jemanden, dem sie vertrauen.

Anna: But what if the monarch is incompetent or even tyrannical? There is no guarantee that someone born into a royal family is capable of ruling. In a democracy, people elect someone who truly represents their interests, someone they trust.

Lukas: Und in der Demokratie ist die Gefahr der Korruption viel größer. Politiker wechseln ständig, und viele von ihnen nutzen ihre Macht nur für persönliche Vorteile. Monarchen hingegen sind mit ihrem Land verbunden, ihr Name und ihre Ehre stehen auf dem Spiel. Außerdem: Ein schlechter Monarch kann abgesetzt oder durch eine Verfassung kontrolliert werden, wie wir es in modernen konstitutionellen Monarchien sehen.

Lukas: And in democracy, the risk of corruption is much higher. Politicians change constantly, and many of them use their power only for personal gain. Monarchs, on the other hand, are tied to their country, with their name and honor at stake. Besides, a bad monarch can be deposed or controlled by a constitution, as we see in modern constitutional monarchies.

Anna: Ich verstehe, dass du Stabilität schätzt, aber was ist mit der Freiheit, die in einer Demokratie viel größer ist? In einer Monarchie gibt es keine Garantie für Bürgerrechte. In einer Demokratie hingegen haben wir Pressefreiheit, Meinungsfreiheit, Versammlungsfreiheit – das ist unbezahlbar. Eine Monarchie könnte diese Rechte jederzeit einschränken.

Anna: I understand that you value stability, but what about the freedom that is much greater in a democracy? In a monarchy, there is no guarantee of civil rights. In a democracy, however, we have freedom of the press, freedom of speech, freedom of assembly – that's priceless. A monarchy could restrict these rights at any time.

Lukas: In einer Demokratie gibt es aber auch keine Garantie dafür, dass diese Freiheiten nicht missbraucht werden. Gerade jetzt erleben wir, dass populistische Bewegungen die Demokratie selbst bedrohen. Und was ist mit den vielen Demokratien, die in der Vergangenheit in Diktaturen umgeschlagen sind? Stabilität gibt es nicht, wenn sich die Regierung alle vier Jahre ändert und niemand wirklich langfristige Entscheidungen treffen kann.

Lukas: But in a democracy, there's also no guarantee that these freedoms won't be abused. Right now, we're seeing populist movements threatening democracy itself. And what about the many democracies that have turned into dictatorships in the past? There's no stability when the government changes every four years, and no one can make truly long-term decisions.

Anna: Aber in einer Demokratie hat das Volk zumindest die Möglichkeit, diese Missstände zu korrigieren. Es gibt Checks and Balances, die Macht ist geteilt, und niemand kann alleine herrschen. In einer Monarchie hingegen gibt es immer die Gefahr, dass zu viel Macht in den Händen einer einzelnen Person oder Familie liegt.

Anna: But in a democracy, the people at least have the chance to correct these problems. There are checks and balances, power is divided, and no one can rule alone. In a monarchy, however, there's always the danger that too much power is concentrated in the hands of one person or family.

Lukas: Das mag in der Theorie stimmen, aber in der Praxis sind Demokratien oft genauso anfällig für Machtmissbrauch. In einer Monarchie gibt es klare Strukturen und eine klare Verantwortung. Ein Monarch weiß, dass seine Entscheidungen für Generationen nach ihm Konsequenzen haben werden. Deshalb handeln sie oft mit mehr Bedacht als Politiker, die nur an die nächste Wahl denken.

Lukas: That may be true in theory, but in practice, democracies are often just as prone to power abuse. In a monarchy, there are clear structures and clear accountability. A monarch knows that their decisions will have consequences for generations to come. That's why they often act with more care than politicians, who only think about the next election.

Anna: Trotzdem, ich glaube, dass Demokratie die Menschen näher an die Macht bringt. Sie gibt uns das Gefühl, wirklich Teil des politischen Prozesses zu sein, unsere Zukunft mitzugestalten. Das kannst du in einer Monarchie nicht behaupten.

Anna: Even so, I believe that democracy brings people closer to power. It gives us the feeling of really being part of the political process, of shaping our future. You can't say that in a monarchy.

Lukas: Das Gefühl, mitzugestalten, ist schön, aber letztlich ist es doch nur eine Illusion, oder? Wie viele Menschen verstehen tatsächlich die komplexen politischen Prozesse? Die meisten wählen aus Gewohnheit oder weil sie durch die Medien beeinflusst werden. In einer Monarchie hast du eine klare Linie, eine feste Hand, die das Land lenkt, ohne sich alle paar Jahre dem politischen Wind beugen zu müssen.

Lukas: The feeling of shaping things is nice, but in the end, isn't it just an illusion? How many people actually understand the complex political processes? Most people vote out of habit or because they're influenced by the media. In a monarchy, you have a clear line, a steady hand guiding the country without having to bend to the political wind every few years.

Anna: Vielleicht, aber für mich ist die Freiheit, selbst zu wählen, wichtiger als eine „feste Hand". Demokratie mag nicht perfekt sein, aber sie bietet uns allen die Chance, gehört zu werden und unsere Zukunft selbst in die Hand zu nehmen.

Anna: Maybe, but for me, the freedom to choose for myself is more important than a "steady hand." Democracy may not be perfect, but it offers all of us the chance to be heard and to take our future into our own hands.

Lukas: Und für mich ist Stabilität das Wichtigste. Eine Monarchie gibt einem Land Ruhe und Beständigkeit – etwas, das in der heutigen, chaotischen Welt selten ist.

Lukas: And for me, stability is the most important thing. A monarchy gives a country peace and continuity – something that is rare in today's chaotic world.

Anna: Am Ende kommt es wohl darauf an, was man mehr schätzt: Freiheit oder Stabilität.

Anna: In the end, I guess it comes down to what you value more: freedom or stability.

Lukas: Ja, das scheint der Kern der Debatte zu sein.

Lukas: Yes, that seems to be the core of the debate.

Faschismus vs. Sozialismus: Sind autoritäre oder sozialistische Regierungen effektiver bei der Lösung gesellschaftlicher Probleme?

Tom (Pro Faschismus): Ich weiß, es klingt kontrovers, aber ich denke, dass eine autoritäre Regierung oft effektiver ist. Im Faschismus gibt es klare Strukturen, die es ermöglichen, schnell und entschlossen zu handeln. Gesellschaftliche Probleme können nur gelöst werden, wenn alle an einem Strang ziehen, und das erreicht man nicht durch endlose Diskussionen wie im Sozialismus.

Tom (Pro-Fascism): I know it sounds controversial, but I think an authoritarian government is often more effective. In fascism, there are clear structures that allow for quick and decisive action. Social problems can only be solved when everyone works together, and you don't achieve that through endless debates like in socialism.

Miriam (Pro Sozialismus): Das sehe ich anders, Tom. Im Sozialismus geht es doch gerade darum, dass die Gesellschaft als Ganzes entscheidet, was das Beste für alle ist. Entscheidungen werden gemeinschaftlich getroffen, und das verhindert, dass eine kleine Elite alles bestimmt. Klar, es dauert vielleicht länger, aber dafür sind die Entscheidungen dann auch fair und im Interesse der Mehrheit.

Miriam (Pro-Socialism): I see it differently, Tom. In socialism, it's all about the society as a whole deciding what's best for everyone. Decisions are made collectively, which prevents a small elite from determining everything. Sure, it might take longer, but the decisions are fairer and in the interest of the majority.

Tom: Fair mag es sein, aber wo bleibt die Effizienz? Wir sehen es doch in vielen sozialistischen Ländern: endlose Diskussionen, Bürokratie, und am Ende passiert kaum etwas. Ein autoritäres System kann viel schneller handeln. Wenn eine Regierung klare Befehle gibt, folgen die Leute, und man kann Probleme lösen, bevor sie eskalieren.

Tom: It may be fair, but where's the efficiency? We see it in many socialist countries: endless debates, bureaucracy, and in the end, hardly anything gets done. An authoritarian system can act much faster. When a government gives clear orders, people follow, and you can solve problems before they escalate.

Miriam: Aber zu welchem Preis? In einem faschistischen System wird die Freiheit der Menschen unterdrückt. Es gibt keine Meinungsfreiheit, keine Möglichkeit, andere Wege zu gehen. Das ist gefährlich. Nur weil etwas schnell geht, heißt das noch lange nicht, dass es richtig ist. Schau dir die Geschichte an – Faschismus hat immer in Diktatur und Unterdrückung geendet.

Miriam: But at what cost? In a fascist system, people's freedom is suppressed. There's no freedom of speech, no opportunity to take different paths. That's dangerous. Just because something happens quickly doesn't mean it's right. Look at history – fascism has always ended in dictatorship and oppression.

Tom: Es stimmt, dass im Faschismus Freiheiten eingeschränkt werden, aber das dient dem größeren Wohl. Wenn jeder machen kann, was er will, herrscht Chaos. Manchmal braucht es eine starke Hand, um eine Nation zusammenzuhalten und voranzubringen. Die Wirtschaft floriert, Verbrechen gehen zurück, und es gibt Ordnung. Es ist wie ein gut geöltes Uhrwerk – jeder hat seinen Platz und seine Aufgabe.

Tom: It's true that freedoms are limited in fascism, but that's for the greater good. When everyone can do whatever they want, there's chaos. Sometimes, a strong hand is needed to hold a nation together and move it forward. The economy flourishes, crime goes down, and there's order. It's like a well-oiled machine – everyone has their place and role.

Miriam: Ja, aber ein Uhrwerk hat keinen freien Willen. Menschen sind keine Zahnräder. Sie müssen die Freiheit haben, zu entscheiden, was für sie richtig ist. Sozialismus gibt den Menschen diese Freiheit, indem er die Macht in die Hände des Volkes legt. Es ist nicht perfekt, aber es ist humaner. Jeder hat die gleiche Chance, und es gibt keinen Raum für Ausbeutung.

Miriam: Yes, but a machine doesn't have free will. People aren't cogs. They need the freedom to decide what's right for them. Socialism gives people this freedom by putting power in the hands of the people. It's not perfect, but it's more humane. Everyone has the same opportunity, and there's no room for exploitation.

Tom: Die Idee der Gleichheit ist schön, aber in der Praxis funktioniert das einfach nicht. Menschen sind nun mal unterschiedlich, und nicht jeder kann die gleichen Chancen bekommen. Was passiert also im Sozialismus? Du hast eine riesige Bürokratie, die versucht, alles zu regulieren, und am Ende wird doch nur eine neue Elite gebildet, die genauso korrupt ist wie jede andere Regierung. Ein autoritäres System mag hart wirken, aber es ist ehrlich. Es schafft klare Regeln, und die Menschen wissen, woran sie sind.

Tom: The idea of equality is nice, but in practice, it just doesn't work. People are different, and not everyone can have the same chances. So what happens in socialism? You get a massive bureaucracy trying to regulate everything, and in the end, a new elite forms that's just as corrupt as any other government. An authoritarian system may seem harsh, but it's honest. It creates clear rules, and people know where they stand.

Miriam: Ehrlich? Ein System, das auf Angst und Kontrolle basiert, ist für dich ehrlich? Faschismus führt immer zu Gewalt, Verfolgung und Ungerechtigkeit. Im Sozialismus haben die Menschen zumindest die Möglichkeit, sich zu wehren und zu protestieren, wenn etwas falsch läuft. Sie haben eine Stimme. In einem faschistischen Regime? Schweigen oder ins Gefängnis.

Miriam: Honest? A system based on fear and control is honest to you? Fascism always leads to violence, persecution, and injustice.

In socialism, at least people have the chance to resist and protest if something goes wrong. They have a voice. In a fascist regime? Silence or prison.

Tom: Aber was bringt dir eine Stimme, wenn du siehst, wie das Land um dich herum zusammenbricht? Armut, Arbeitslosigkeit, soziale Unruhen – das sind doch die Probleme, die im Sozialismus nie wirklich gelöst werden. Autoritäre Systeme schaffen es, diese Probleme zu lösen, weil sie schnell und entschlossen handeln. Und manchmal ist das wichtiger als jede individuelle Freiheit.

Tom: But what good is a voice when you see the country collapsing around you? Poverty, unemployment, social unrest – those are the problems socialism never really solves. Authoritarian systems manage to solve these problems because they act quickly and decisively. And sometimes, that's more important than individual freedom.

Miriam: Das ist genau der Punkt, Tom. Du sagst, Freiheit sei weniger wichtig als Effizienz, aber ich glaube, dass Freiheit der Kern eines gesunden Staates ist. Ohne Freiheit gibt es keine Kreativität, kein Wachstum, keine Entwicklung. Im Sozialismus können die Menschen zusammenarbeiten und gemeinsam Lösungen finden. Es mag länger dauern, aber am Ende sind die Ergebnisse nachhaltiger und gerechter.

Miriam: That's exactly the point, Tom. You're saying that freedom is less important than efficiency, but I believe that freedom is the core of a healthy state. Without freedom, there's no creativity, no growth, no development. In socialism, people can collaborate and find solutions together. It may take longer, but in the end, the results are more sustainable and fairer.

Tom: Aber was ist, wenn die Gesellschaft nicht in der Lage ist, sich zu einigen? Was ist, wenn zu viele Meinungen den Fortschritt blockieren? Im Faschismus gibt es keinen Platz für solche Unsicherheiten. Die Regierung handelt, und die Gesellschaft muss folgen. Das mag hart klingen, aber es bringt Ergebnisse. Soziale Unruhen werden im Keim erstickt, die Wirtschaft wächst, und die Nation bleibt stark.

Tom: But what if society can't come to an agreement? What if too many opinions block progress? In fascism, there's no room for such uncertainties. The government acts, and society must follow. It may sound harsh, but it gets results. Social unrest is nipped in the bud, the economy grows, and the nation stays strong.

Miriam: Das klingt für mich wie ein Polizeistaat, und genau das ist das Problem. Ein autoritäres Regime mag kurzfristig Erfolg haben, aber es zerstört das Vertrauen der Menschen in den Staat. Wenn die Bevölkerung Angst vor ihrer eigenen Regierung hat, bricht irgendwann alles zusammen. Im Sozialismus geht es nicht nur um das Jetzt, sondern um die langfristige Verbesserung der Gesellschaft.

Miriam: That sounds like a police state to me, and that's exactly the problem. An authoritarian regime may have short-term success, but it destroys people's trust in the state. When the population fears its own government, everything eventually falls apart. Socialism isn't just about the present, it's about the long-term improvement of society.

Tom: Langfristig vielleicht, aber wie viele Menschen leiden währenddessen? Im Faschismus geht es darum, das Leiden zu minimieren, indem Probleme sofort gelöst werden. Du kannst es nicht allen recht machen, aber du kannst Stabilität schaffen – und das ist, was eine Nation braucht.

Tom: Long-term, maybe, but how many people suffer in the meantime? Fascism is about minimizing suffering by solving problems immediately. You can't please everyone, but you can create stability – and that's what a nation needs.

Miriam: Stabilität auf Kosten der Freiheit ist aber keine echte Stabilität. Irgendwann rebellieren die Menschen, und dann hast du genau das Chaos, das du verhindern wolltest. Sozialismus mag kompliziert sein, aber er gibt den Menschen die Chance, mitzugestalten, anstatt nur Befehle zu empfangen. Eine Gesellschaft funktioniert am besten, wenn alle Mitglieder sich gehört fühlen.

Miriam: Stability at the cost of freedom is not real stability. Eventually, people rebel, and then you get the chaos you were trying to prevent. Socialism may be complicated, but it gives people the chance to shape things, instead of just receiving orders. A society works best when all its members feel heard.

Tom: Das ist eine romantische Vorstellung, aber in der Realität ist es oft so, dass die Mehrheit nicht weiß, was das Beste ist. In einem autoritären System wird das entschieden, und das Land kann vorankommen, ohne sich ständig im Kreis zu drehen.

Tom: That's a romantic idea, but in reality, it's often the case that the majority doesn't know what's best. In an authoritarian system, that's decided, and the country can move forward without going in circles.

Miriam: Aber wer entscheidet, was das Beste ist? Eine einzelne Person oder eine kleine Gruppe? Das ist das Problem mit autoritären Systemen: Sie behaupten zu wissen, was das Beste für alle ist, aber sie vergessen, dass jede Gesellschaft vielfältig ist. Im Sozialismus wird zumindest versucht, diese Vielfalt zu berücksichtigen.

Miriam: But who decides what's best? One person or a small group? That's the problem with authoritarian systems: they claim to know what's best for everyone, but they forget that every society is diverse. At least in socialism, there's an attempt to take that diversity into account.

Tom: Vielleicht. Aber manchmal ist Vielfalt auch ein Hindernis, wenn es darum geht, eine starke, einheitliche Nation zu schaffen. Ein autoritäres System sorgt für Einheit und Stärke – und das ist es, was eine Gesellschaft braucht, um große Herausforderungen zu bewältigen.

Tom: Maybe. But sometimes diversity is also an obstacle when it comes to creating a strong, unified nation. An authoritarian system provides unity and strength – and that's what a society needs to face big challenges.

Miriam: Für mich bleibt Freiheit das Wichtigste. Ohne Freiheit gibt es keine wahre Stärke, sondern nur erzwungene Einheit. Und das führt auf lange Sicht immer zu Widerstand.

Miriam: For me, freedom remains the most important thing. Without freedom, there's no real strength, only forced unity. And in the long run, that always leads to resistance.

Tom: Und für mich bleibt Ordnung und Stabilität der Schlüssel zu einer funktionierenden Gesellschaft. Solange das gewährleistet ist, kann man über Freiheit reden – aber erst dann.

Tom: And for me, order and stability remain the key to a functioning society. As long as that's ensured, you can talk about freedom – but only then.

Miriam: Da sind wir wohl wieder bei der alten Debatte: Freiheit oder Stabilität.

Miriam: So we're back at the old debate: freedom or stability.

Tom: Ja, und ich glaube, wir werden uns da wohl nie einig.

Tom: Yes, and I don't think we'll ever agree on that.

Nationalsozialismus: Historische Perspektiven und moralische Debatten

Max (Pro historische Analyse): Es ist wichtig, den Nationalsozialismus in einem historischen Kontext zu betrachten. Damals waren die sozialen und wirtschaftlichen Bedingungen in Deutschland extrem schwierig, und viele Menschen sahen im Nationalsozialismus eine Lösung. Wir müssen verstehen, warum so viele Deutsche damals diesen Weg eingeschlagen haben.

Max (Pro-historical analysis): It is important to look at National Socialism in a historical context. At that time, the social and economic conditions in Germany were extremely difficult, and many people saw National Socialism as a solution. We need to understand why so many Germans took that path.

Sabine (Pro moralische Bewertung): Natürlich, Max, aber darf man das überhaupt so nüchtern betrachten? Der Nationalsozialismus hat Millionen von Menschen das Leben gekostet, er war zutiefst unmenschlich. Historische Umstände hin oder her, wir können diese Taten moralisch nicht relativieren. Es war ein Verbrechen gegen die Menschlichkeit.

Sabine (Pro-moral evaluation): Of course, Max, but can we even look at it so coldly? National Socialism cost millions of lives; it was deeply inhumane. Regardless of the historical circumstances, we cannot morally relativize these acts. It was a crime against humanity.

Max: Ich stimme dir zu, dass die Verbrechen schrecklich waren, aber wenn wir die Ursachen nicht analysieren, laufen wir Gefahr, ähnliche Fehler in der Zukunft zu machen. Wie konnte es überhaupt so weit kommen? Warum haben Menschen Hitler unterstützt? Das sind Fragen, die uns helfen können, aus der Geschichte zu lernen.

Max: I agree that the crimes were terrible, but if we don't analyze the causes, we risk making similar mistakes in the future. How did it come to this? Why did people support Hitler? These are questions that can help us learn from history.

Sabine: Aber es gibt auch eine moralische Verantwortung, diese Verbrechen beim Namen zu nennen. Menschen wie Hitler und die Nazis dürfen nicht nur als Produkt ihrer Zeit betrachtet werden. Sie haben bewusst Entscheidungen getroffen, die zu Mord, Krieg und Zerstörung führten. Das darf man nicht einfach in den historischen Kontext schieben und damit relativieren.

Sabine: But there is also a moral responsibility to call these crimes what they are. People like Hitler and the Nazis should not just be seen as products of their time. They made conscious decisions that led to murder, war, and destruction. We can't simply place that in a historical context and relativize it.

Max: Es geht nicht um Relativierung, sondern um Verstehen. Die Menschen damals hatten Angst, waren verzweifelt und sahen in Hitler jemanden, der ihre Probleme lösen konnte. Wenn wir diese Dynamiken nicht begreifen, können wir ähnliche Bewegungen heute nicht rechtzeitig erkennen. Denk an die wirtschaftliche Not der Weimarer Republik – das war doch der Nährboden für den Aufstieg des Nationalsozialismus.

Max: It's not about relativizing, it's about understanding. People back then were scared, desperate, and saw in Hitler someone who could solve their problems. If we don't understand these dynamics, we won't recognize similar movements in time today. Think about the economic hardship of the Weimar Republic – that was the breeding ground for the rise of National Socialism.

Sabine: Aber es geht nicht nur um die wirtschaftliche Notlage. Der Nationalsozialismus basierte auf Rassismus, Antisemitismus und der Idee der Überlegenheit einer "arischen Rasse". Das ist doch keine legitime Reaktion auf eine Wirtschaftskrise! Diese Ideologie war von Anfang an menschenverachtend und brutal.

Sabine: But it wasn't just about economic hardship. National Socialism was based on racism, anti-Semitism, and the idea of the superiority of an "Aryan race." That is not a legitimate response to an economic crisis! This ideology was inhumane and brutal from the very beginning.

Max: Das bestreite ich nicht, aber diese Ideologie hat sich ja nicht im luftleeren Raum entwickelt. Es gab tief verwurzelte antisemitische und nationalistische Strömungen, nicht nur in Deutschland, sondern in vielen Teilen Europas. Der Nationalsozialismus hat diese Strömungen aufgenommen und radikalisiert. Auch das müssen wir verstehen, um solche Bewegungen in der Zukunft zu verhindern.

Max: I don't deny that, but this ideology didn't develop in a vacuum. There were deep-rooted anti-Semitic and nationalist currents, not only in Germany but in many parts of Europe. National Socialism took up these currents and radicalized them. We need to understand that to prevent such movements in the future.

Sabine: Verstehen ist eine Sache, aber moralische Klarheit ist eine andere. Wir dürfen nicht den Fehler machen, zu sagen: "Sie hatten ihre Gründe." Es gab keine Rechtfertigung für den Holocaust oder die Gräueltaten, die unter dem Nationalsozialismus begangen wurden. Punkt. Die Gefahr besteht doch, dass man durch zu viel historische Analyse das moralische Urteil verwässert.

Sabine: Understanding is one thing, but moral clarity is another. We can't make the mistake of saying, "They had their reasons." There was no justification for the Holocaust or the atrocities committed under National Socialism. Period. The danger is that too much historical analysis dilutes the moral judgment.

Max: Ich denke, das moralische Urteil ist klar: Der Nationalsozialismus war ein Verbrechen. Aber was ich sagen will, ist, dass wir uns auch die Frage stellen müssen, warum so viele

Menschen mitgemacht haben. Warum haben nicht mehr Menschen Widerstand geleistet? Wie konnte eine so menschenverachtende Ideologie so weit verbreitet werden?

Max: I think the moral judgment is clear: National Socialism was a crime. But what I'm saying is that we also need to ask why so many people went along with it. Why didn't more people resist? How could such a dehumanizing ideology spread so widely?

Sabine: Das ist eine berechtigte Frage, aber die Antwort liegt vielleicht auch in der Manipulation durch Propaganda und Angst. Viele Menschen waren verführt, eingeschüchtert oder einfach zu ängstlich, um aufzustehen. Aber das entbindet sie nicht von der Verantwortung. Jeder Einzelne, der mitgemacht hat, trägt Schuld. Es ist wichtig, dass wir uns daran erinnern.

Sabine: That's a valid question, but the answer may lie in manipulation through propaganda and fear. Many people were seduced, intimidated, or simply too afraid to stand up. But that doesn't free them from responsibility. Every individual who participated is guilty. It's important we remember that.

Max: Natürlich, individuelle Verantwortung darf man nicht ignorieren. Aber wenn wir über das System sprechen, dann müssen wir auch über die strukturellen und psychologischen Mechanismen nachdenken, die den Nationalsozialismus ermöglicht haben. Die Nazis haben die Massen perfekt manipuliert, Propaganda und Terror genutzt, um Menschen auf ihre Seite zu ziehen oder sie zum Schweigen zu bringen.

Max: Of course, we can't ignore individual responsibility. But when we talk about the system, we also have to think about the structural and psychological mechanisms that made National Socialism possible. The Nazis perfectly manipulated the masses, using propaganda and terror to get people on their side or silence them.

Sabine: Ja, die Macht der Propaganda war enorm, das ist unbestreitbar. Aber ich habe ein Problem damit, wenn wir zu sehr auf die Mechanismen schauen und dabei vergessen, dass es auch eine moralische Wahl gab. Viele haben sich bewusst für das System entschieden. Sie haben gewusst, was passiert, und sie haben es unterstützt.

Sabine: Yes, the power of propaganda was enormous, that's undeniable. But I have a problem with focusing too much on the mechanisms and forgetting that there was also a moral choice. Many people consciously chose the system. They knew what was happening, and they supported it.

Max: Das stimmt, aber es gab auch viele, die einfach Angst hatten oder keine Alternative sahen. Das zu verstehen, könnte uns helfen, heute besser auf die Mechanismen der Manipulation zu achten. Wie schnell lassen sich Menschen von einfachen Antworten verführen, gerade in Krisenzeiten. Ich denke, wir müssen die Parallelen zur Gegenwart sehen.

Max: That's true, but there were also many who were simply scared or saw no alternative. Understanding that might help us be more aware of the mechanisms of manipulation today. How quickly people are seduced by simple answers, especially in times of crisis. I think we need to see the parallels to the present.

Sabine: Die Parallelen sind da, das stimmt. Aber ich glaube, die wichtigste Lehre aus dem Nationalsozialismus ist, dass es immer eine individuelle Verantwortung gibt. Egal, wie schwer die Umstände sind – Rassismus, Hass und Gewalt dürfen nie akzeptiert werden. Und das müssen wir laut und klar sagen, immer wieder.

Sabine: The parallels are there, that's true. But I think the most important lesson from National Socialism is that there is always individual responsibility. No matter how difficult the circumstances – racism, hatred, and violence can never be accepted. And we need to say that loud and clear, over and over.

Max: Da gebe ich dir vollkommen recht. Aber wenn wir nicht auch die historischen Hintergründe analysieren, riskieren wir, die Zeichen der Zeit zu übersehen. Nationalsozialismus war nicht nur eine Anomalie, sondern das Ergebnis vieler Faktoren, die sich über Jahre entwickelt haben. Genau das müssen wir verstehen, um zu verhindern, dass sich Geschichte wiederholt.

Max: I completely agree with you. But if we don't analyze the historical background as well, we risk missing the signs of the times. National Socialism was not just an anomaly, but the result of many factors that developed over the years. We need to understand that to prevent history from repeating itself.

Sabine: Vielleicht liegt die Wahrheit irgendwo in der Mitte. Historisches Verstehen und moralische Klarheit müssen Hand in Hand gehen. Wir dürfen die Verbrechen nicht relativieren, aber wir müssen auch verstehen, warum Menschen sich dafür entschieden haben, um uns heute zu schützen.

Sabine: Maybe the truth lies somewhere in the middle. Historical understanding and moral clarity must go hand in hand. We can't relativize the crimes, but we also need to understand why people chose that path, to protect ourselves today.

Max: Genau. Es geht um beides: Verstehen und Verurteilen. Nur so können wir sicherstellen, dass wir die richtigen Lehren aus der Geschichte ziehen.

Max: Exactly. It's about both: understanding and condemning. Only then can we make sure we draw the right lessons from history.

Sabine: Dann sind wir uns doch einig: Geschichte darf nie vergessen werden, und wir müssen sie sowohl analysieren als auch moralisch bewerten.

Sabine: Then we agree: history must never be forgotten, and we must both analyze and morally evaluate it.

Max: Ja, das ist der Schlüssel, um die Fehler der Vergangenheit nicht zu wiederholen.

Max: Yes, that's the key to not repeating the mistakes of the past.

Sabine: Hoffen wir, dass wir das in Zukunft besser machen.

Sabine: Let's hope we do better in the future.

Religion und Säkularismus: Sollte Religion eine Rolle in der Politik und Regierung spielen?

Clara (Pro Religion in der Politik): Ich finde, Religion sollte definitiv eine Rolle in der Politik spielen, Paul. Viele unserer moralischen Werte stammen aus religiösen Überzeugungen. Ohne diese Werte verlieren wir den Kompass, der uns sagt, was richtig und was falsch ist.

Clara (Pro-religion in politics): I think religion should definitely play a role in politics, Paul. Many of our moral values come from religious beliefs. Without these values, we lose the compass that tells us what is right and wrong.

Paul (Pro Säkularismus): Das sehe ich anders, Clara. Religion ist eine private Angelegenheit. In einer pluralistischen Gesellschaft kann man nicht erwarten, dass alle Menschen die gleichen religiösen Werte teilen. Politik muss neutral bleiben, um alle zu vertreten, egal an was sie glauben.

Paul (Pro-secularism): I see it differently, Clara. Religion is a private matter. In a pluralistic society, you can't expect everyone to share the same religious values. Politics must remain neutral to represent everyone, regardless of their beliefs.

Clara: Aber wie soll Politik neutral sein, wenn sie über so grundlegende Themen wie Menschenrechte, Gerechtigkeit und soziale Ordnung entscheidet? Diese Prinzipien sind tief in religiösen Traditionen verwurzelt. Die Bibel, der Koran oder andere heilige Schriften haben uns über Jahrtausende hinweg moralische Richtlinien gegeben, die immer noch relevant sind.

Clara: But how can politics be neutral when it deals with fundamental issues like human rights, justice, and social order? These principles are deeply rooted in religious traditions. The Bible, the Quran, and other sacred texts have given us moral guidelines for thousands of years that are still relevant today.

Paul: Ja, aber nicht jeder teilt diese Überzeugungen. In einer modernen Gesellschaft gibt es Menschen verschiedenster Religionen und auch solche, die an gar nichts glauben. Würden wir die Politik von religiösen Lehren leiten lassen, würden wir automatisch eine Gruppe bevorzugen. Das kann zu Diskriminierung führen. Säkularismus schützt die Vielfalt und verhindert, dass der Staat eine Religion über die andere stellt.

Paul: Yes, but not everyone shares these beliefs. In a modern society, there are people of various religions and even those who believe in nothing. If we let politics be guided by religious teachings, we automatically favor one group. This can lead to discrimination. Secularism protects diversity and prevents the state from favoring one religion over another.

Clara: Aber gerade weil wir in einer so pluralistischen Gesellschaft leben, brauchen wir doch eine gemeinsame moralische Basis. Religion gibt diese Basis, indem sie universelle Werte wie Mitgefühl, Nächstenliebe und Gerechtigkeit fördert. Wenn wir diese Werte aus der Politik verbannen, was bleibt dann?

Clara: But precisely because we live in such a pluralistic society, we need a common moral foundation. Religion provides this foundation by promoting universal values like compassion, charity, and justice. If we banish these values from politics, what remains?

Paul: Es bleiben Menschenrechte und Gesetze, die von der Vernunft und dem Dialog aller Bürger abgeleitet sind, nicht von religiösen Dogmen. Religion kann inspirieren, aber sie sollte nicht diktieren, was Gesetz wird. Was für den einen moralisch ist, kann für den anderen eine Einschränkung sein. Außerdem: Was ist mit den negativen Seiten der Religion? Die Kreuzzüge, religiöse Intoleranz, Unterdrückung von Frauen und Minderheiten – all das sind Gefahren, wenn Religion zu viel Macht hat.

Paul: What remains are human rights and laws derived from reason and dialogue among all citizens, not from religious dogma. Religion can inspire, but it shouldn't dictate what becomes law. What is moral for one person can be restrictive for another. Besides, what about the negative aspects of religion? The Crusades, religious intolerance, the oppression of women and minorities – these are all dangers when religion has too much power.

Clara: Du hast recht, Religion wurde in der Vergangenheit missbraucht. Aber das bedeutet nicht, dass sie keinen positiven Einfluss haben kann. Denk an all die wohltätigen Organisationen, die von religiösen Werten angetrieben werden, oder an Politiker, die aus ihrem Glauben heraus mutige Entscheidungen getroffen haben. Religion kann auch eine Kraft für das Gute sein.

Clara: You're right, religion has been abused in the past. But that doesn't mean it can't have a positive influence. Think of all the charitable organizations driven by religious values, or the politicians who made bold decisions based on their faith. Religion can also be a force for good.

Paul: Natürlich kann sie das, aber das sollte auf freiwilliger Basis geschehen, nicht durch gesetzliche Verpflichtung. Der Staat muss sich auf rationale, nachvollziehbare Prinzipien stützen, die alle verstehen und akzeptieren können. Was, wenn eine religiöse Minderheit plötzlich an die Macht kommt und ihre Werte auf alle anderen überträgt? Das ist doch der Kern des Problems – in einer säkularen Gesellschaft wird so etwas verhindert.

Paul: Of course it can, but that should happen voluntarily, not through legal obligation. The state must rely on rational, understandable principles that everyone can grasp and accept. What if a religious minority suddenly comes to power and imposes its values on everyone else? That's the core problem – in a secular society, this is prevented.

Clara: Aber warum sollten religiöse Werte weniger rational sein? Es gibt doch viele Überschneidungen zwischen religiöser Moral und den allgemeinen Menschenrechten. Niemand sagt, dass die Religion allein die Gesetze bestimmen sollte, aber sie kann eine moralische Stütze sein. Außerdem: Viele der großen sozialen Bewegungen – wie die Abschaffung der Sklaverei oder die Bürgerrechtsbewegung – wurden von religiösem Glauben inspiriert.

Clara: But why should religious values be less rational? There are many overlaps between religious morals and general human rights. No one is saying that religion should solely determine laws, but it can be a moral support. Also, many of the great social movements

– like the abolition of slavery or the civil rights movement – were inspired by religious faith.

Paul: Das stimmt, aber diese Bewegungen hätten auch ohne Religion existieren können, weil die Werte, die sie gefördert haben – Freiheit, Gleichheit, Gerechtigkeit – universell sind. Diese Werte sind nicht exklusiv religiös, sie sind menschlich. Wir brauchen keine religiösen Rechtfertigungen, um das Richtige zu tun. Die Gefahr besteht darin, dass Religion oft nicht nur moralische, sondern auch spirituelle oder theologische Ansprüche erhebt, die nicht hinterfragt werden dürfen. Das kann gefährlich werden, wenn es um politische Entscheidungen geht.

Paul: That's true, but these movements could have existed without religion, because the values they promoted – freedom, equality, justice – are universal. These values aren't exclusively religious, they're human. We don't need religious justifications to do what's right. The danger is that religion often makes not only moral claims but also spiritual or theological ones that can't be questioned. That can be dangerous when it comes to political decisions.

Clara: Aber was ist mit der moralischen Orientierung? Viele Menschen brauchen Religion als festen Anker, um sich in der Welt zurechtzufinden. Wenn wir diesen Einfluss aus der Politik entfernen, laufen wir Gefahr, eine Wertekrise zu erleben. Die Menschen verlieren das Gefühl für das, was richtig oder falsch ist, wenn es keine höheren Prinzipien gibt, an die sie sich halten können.

Clara: But what about moral guidance? Many people need religion as a solid anchor to find their way in the world. If we remove that influence from politics, we risk experiencing a moral crisis. People lose their sense of right and wrong if there are no higher principles they can follow.

Paul: Das sehe ich anders. Menschen sind sehr wohl in der Lage, ohne religiöse Vorgaben zu wissen, was richtig und falsch ist. Wir haben das Gesetz, wir haben den gesunden Menschenverstand, und wir haben den Dialog in der Gesellschaft. Religion kann eine persönliche Stütze sein, aber sie sollte keine Rolle in der

Gesetzgebung spielen. Der Staat muss für alle Menschen da sein, nicht nur für die Gläubigen.

Paul: I see it differently. People are perfectly capable of knowing right from wrong without religious guidelines. We have the law, we have common sense, and we have dialogue in society. Religion can be a personal support, but it shouldn't play a role in legislation. The state must serve all people, not just believers.

Clara: Aber ist es nicht naiv zu glauben, dass der Mensch allein durch Gesetze und Rationalität geleitet wird? Wir sind emotionale und spirituelle Wesen. Religion bietet eine tiefere Ebene des Verständnisses für die menschliche Natur. Wenn wir diese Dimension in der Politik komplett ignorieren, fehlt etwas Wesentliches.

Clara: But isn't it naive to think that people are guided solely by laws and rationality? We are emotional and spiritual beings. Religion offers a deeper understanding of human nature. If we completely ignore that dimension in politics, something essential is missing.

Paul: Es geht nicht darum, Religion zu ignorieren. Jeder kann seinen Glauben privat leben und sich davon inspirieren lassen. Aber Politik muss auf der Grundlage von Prinzipien gemacht werden, die für alle gelten und nachvollziehbar sind. Es darf keine Vermischung von Kirche und Staat geben, weil das immer zu Ungerechtigkeiten führt.

Paul: It's not about ignoring religion. Everyone can live their faith privately and draw inspiration from it. But politics must be based on principles that apply to everyone and are understandable. There must be no mixing of church and state, because that always leads to injustices.

Clara: Ich verstehe deine Sorge, aber ich glaube, dass wir den Einfluss der Religion nicht so strikt trennen sollten. Sie hat der Menschheit über Jahrtausende hinweg Orientierung gegeben und ist nach wie vor ein wichtiger Bestandteil des Lebens vieler Menschen. Diese Stimmen sollten nicht aus der politischen Diskussion ausgeschlossen werden.

Clara: I understand your concern, but I don't think we should separate religion's influence so strictly. It has provided guidance to humanity for thousands of years and remains an important part of life for many people. These voices shouldn't be excluded from political discussion.

Paul: Sie sind ja auch nicht ausgeschlossen. Jeder kann seine religiösen Ansichten in die Debatte einbringen, aber am Ende müssen die Entscheidungen auf universellen, säkularen Prinzipien basieren. Nur so können wir sicherstellen, dass die Politik fair und gerecht für alle bleibt, unabhängig vom Glauben.

Paul: They aren't excluded. Everyone can bring their religious views into the debate, but in the end, decisions must be based on universal, secular principles. Only then can we ensure that politics remains fair and just for everyone, regardless of belief.

Clara: Vielleicht ist ein Mittelweg das Beste. Religion kann eine moralische Orientierung geben, sollte aber nie die absolute Grundlage für politische Entscheidungen sein. Sie sollte Teil der Diskussion sein, aber nicht dominieren.

Clara: Maybe a middle ground is best. Religion can provide moral guidance, but it should never be the absolute basis for political decisions. It should be part of the discussion, but not dominate it.

Paul: Das könnte ein Kompromiss sein, solange die Säkularität des Staates unangetastet bleibt. Religion kann eine Bereicherung sein, aber sie darf nie zum Maßstab für Gesetze werden.

Paul: That could be a compromise, as long as the secular nature of the state remains untouched. Religion can be enriching, but it should never become the standard for laws.

Clara: Ich denke, da sind wir uns einig. Religion sollte gehört werden, aber sie darf nicht die Politik bestimmen.

Clara: I think we agree on that. Religion should be heard, but it shouldn't dictate politics.

Paul: Genau, und das ist der Schlüssel zu einer gerechten Gesellschaft.

Paul: Exactly, and that's the key to a just society.

Religionsfreiheit vs. staatliche Kontrolle: Wie viel religiöser Ausdruck sollte erlaubt sein?

Lena (Pro Religionsfreiheit): Ich finde, Religionsfreiheit ist ein grundlegendes Menschenrecht, Tim. Jeder sollte das Recht haben, seinen Glauben frei auszuleben, solange er damit niemandem schadet. Der Staat darf sich nicht in das Privatleben der Menschen einmischen, wenn es um ihre spirituellen Überzeugungen geht.

Lena (Pro religious freedom): I believe religious freedom is a fundamental human right, Tim. Everyone should have the right to practice their faith freely, as long as it doesn't harm anyone. The state should not interfere in people's private lives when it comes to their spiritual beliefs.

Tim (Pro staatliche Kontrolle): Aber Lena, was ist, wenn religiöse Überzeugungen die öffentliche Ordnung stören oder gefährlich werden? Der Staat hat die Verantwortung, für das Wohl aller Bürger zu sorgen. Wenn Religionen Regeln oder Praktiken haben, die gegen Gesetze oder gesellschaftliche Normen verstoßen, muss der Staat eingreifen.

Tim (Pro state control): But Lena, what if religious beliefs disrupt public order or become dangerous? The state has the responsibility to ensure the well-being of all citizens. If religions have rules or practices that violate laws or societal norms, the state must intervene.

Lena: Natürlich, aber wo ziehst du die Grenze? Es kann doch nicht sein, dass der Staat ständig vorschreibt, wie Menschen ihren Glauben leben dürfen. Das wäre ein Angriff auf die persönliche Freiheit. Religion ist für viele Menschen ein wichtiger Teil ihrer Identität. Der Staat sollte das respektieren, anstatt es zu regulieren.

Lena: Of course, but where do you draw the line? The state can't constantly dictate how people live their faith. That would be an attack on personal freedom. Religion is an important part of many people's identity. The state should respect that instead of regulating it.

Tim: Es geht nicht um das Verbot von Religion, sondern um die Begrenzung von gefährlichen oder spaltenden Aspekten. Stell dir vor, eine religiöse Gruppe fordert, dass ihre Mitglieder bestimmte Gesetze nicht befolgen müssen, weil es gegen ihre Glaubensprinzipien verstößt. Sollen wir das einfach zulassen? Es gibt Situationen, in denen der Staat eingreifen muss, um die Rechte und Sicherheit der Allgemeinheit zu schützen.

Tim: It's not about banning religion but limiting dangerous or divisive aspects. Imagine a religious group demanding that its members don't have to follow certain laws because it goes against their beliefs. Should we just allow that? There are situations where the state must step in to protect the rights and safety of the general public.

Lena: Ja, aber solche Extremfälle sind doch eher die Ausnahme. In den meisten Fällen wollen die Menschen einfach in Ruhe ihren Glauben ausüben. Wenn der Staat beginnt, religiöse Symbole oder Rituale zu verbieten, wie das Tragen eines Kopftuchs oder das Errichten von Gebetshäusern, dann verletzt er die persönliche Freiheit. Religion ist eine Frage des Gewissens, und der Staat sollte sich davon fernhalten.

Lena: Yes, but such extreme cases are the exception. In most cases, people just want to practice their faith in peace. When the state starts banning religious symbols or rituals, like wearing a headscarf or building places of worship, it violates personal freedom. Religion is a matter of conscience, and the state should stay out of it.

Tim: Aber genau da liegt das Problem, Lena. Manche religiöse Praktiken, wie das Tragen von bestimmten religiösen Symbolen in öffentlichen Ämtern oder Schulen, können den Säkularismus gefährden. Der Staat muss neutral bleiben und darf keine religiöse

Bevorzugung zeigen. Es kann nicht sein, dass in einem Klassenzimmer religiöse Symbole sichtbar sind – das beeinflusst die Schüler, die vielleicht gar nicht dieser Religion angehören.

Tim: But that's exactly the problem, Lena. Some religious practices, like wearing certain symbols in public offices or schools, can threaten secularism. The state must remain neutral and show no religious preference. It can't be that religious symbols are visible in a classroom – it influences students who may not belong to that religion.

Lena: Aber das ist doch auch eine Form der Diskriminierung. Wenn der Staat religiöse Symbole verbietet, sagt er damit, dass religiöse Menschen sich in der Öffentlichkeit verstecken sollen. Das ist keine Neutralität, das ist Unterdrückung. Religiöse Ausdrucksformen sind ein Teil des gesellschaftlichen Lebens und sollten in einem demokratischen Land akzeptiert werden.

Lena: But that's also a form of discrimination. If the state bans religious symbols, it's telling religious people to hide in public. That's not neutrality; it's oppression. Religious expressions are part of social life and should be accepted in a democratic country.

Tim: Aber was ist mit der Trennung von Kirche und Staat? Diese Trennung ist wichtig, um sicherzustellen, dass keine Religion eine Sonderstellung im öffentlichen Leben einnimmt. Wenn der Staat religiösen Ausdruck überall zulässt, verschwimmt diese Grenze. Der Staat muss neutral bleiben, damit alle Bürger – egal welcher Religion – gleich behandelt werden.

Tim: But what about the separation of church and state? This separation is important to ensure that no religion holds a privileged position in public life. If the state allows religious expression everywhere, this boundary becomes blurred. The state must remain neutral so that all citizens – regardless of religion – are treated equally.

Lena: Doch diese Neutralität sollte nicht bedeuten, dass der Staat Religionen unsichtbar macht. Religionsfreiheit bedeutet, dass man seine Überzeugungen auch öffentlich leben darf. In Frankreich, zum Beispiel, haben sie das Kopftuchverbot an Schulen. Ist das wirklich ein Zeichen für Freiheit, wenn Frauen gezwungen werden, ihre religiösen Symbole abzulegen, um Bildung zu erhalten?

Lena: But that neutrality shouldn't mean the state makes religions invisible. Religious freedom means that you can live out your beliefs publicly. In France, for example, they have the headscarf ban in schools. Is that really a sign of freedom when women are forced to remove their religious symbols to receive an education?

Tim: Frankreich macht das, um den Säkularismus zu schützen. Der Staat darf keine religiöse Gruppe bevorzugen oder benachteiligen. Wenn alle ihre Religion in öffentlichen Einrichtungen offen zeigen, führt das zu einer Politisierung der Religion. Plötzlich fühlt sich die eine Gruppe gegenüber der anderen benachteiligt. Das ist gefährlich für den sozialen Frieden.

Tim: France does this to protect secularism. The state must neither favor nor disadvantage any religious group. If everyone shows their religion openly in public institutions, it politicizes religion. Suddenly, one group feels disadvantaged compared to another. That's dangerous for social harmony.

Lena: Aber das führt doch nur zu mehr Konflikten. Wenn man Religion aus dem öffentlichen Raum verbannt, schafft man das Gefühl, dass religiöse Menschen nicht dazugehören. Das ist genau das Gegenteil von Integration. Die Gesellschaft sollte offen genug sein, dass jeder, egal welche Religion er ausübt, sich frei bewegen kann, ohne Angst vor staatlicher Kontrolle oder Sanktionen zu haben.

Lena: But that only leads to more conflict. When you ban religion from public spaces, it creates the feeling that religious people don't belong. That's the opposite of integration. Society should be open enough that everyone, no matter their religion, can move freely without fear of state control or sanctions.

Tim: Ich denke, es geht nicht um Angst oder Sanktionen, sondern um die Aufrechterhaltung der öffentlichen Ordnung. Der Staat muss sicherstellen, dass keine Religion über den anderen steht und dass die Regeln für alle gleich sind. Wenn religiöse Überzeugungen die Gesetze des Landes untergraben, muss der Staat eingreifen. Das ist keine Diskriminierung, das ist Schutz der Gleichheit.

Tim: I don't think it's about fear or sanctions, but about maintaining public order. The state must ensure that no religion stands above others and that the rules are the same for everyone. If religious beliefs undermine the laws of the country, the state has to step in. That's not discrimination; it's protecting equality.

Lena: Aber wie viel Kontrolle ist zu viel? Wenn der Staat anfängt, Religion zu regulieren, dann könnten bald grundlegende Freiheiten eingeschränkt werden. Heute ist es ein Kopftuchverbot, morgen vielleicht das Recht, in der Öffentlichkeit zu beten. Der Staat sollte nicht das letzte Wort darüber haben, wie wir unsere Religion leben.

Lena: But how much control is too much? If the state starts regulating religion, then basic freedoms could soon be restricted. Today it's a headscarf ban, tomorrow maybe the right to pray in public. The state shouldn't have the final say on how we live our religion.

Tim: Und was ist, wenn religiöse Überzeugungen Konflikte schaffen? Es gibt Länder, in denen religiöse Gruppen politische Macht anstreben und versuchen, ihre Werte der gesamten Gesellschaft aufzuzwingen. Der Staat muss verhindern, dass Religionen zur Quelle von Spaltung und Gewalt werden. Religiöse Freiheit darf nie bedeuten, dass man anderen seinen Glauben aufzwingen kann.

Tim: And what if religious beliefs create conflicts? There are countries where religious groups seek political power and try to impose their values on the entire society. The state must prevent religions from becoming a source of division and violence. Religious freedom should never mean imposing your beliefs on others.

Lena: Aber das ist doch gerade der Punkt! Religiöse Freiheit bedeutet, dass jeder seine Überzeugungen leben darf, solange er anderen nicht schadet. Wenn der Staat Religionsausübung zu stark kontrolliert, wird er selbst zur Quelle der Unterdrückung. Es ist die Aufgabe des Staates, die Freiheit zu schützen, nicht sie einzuschränken.

Lena: But that's exactly the point! Religious freedom means that everyone can live their beliefs as long as it doesn't harm others. If the state controls religious practice too much, it becomes the source of oppression. It's the state's job to protect freedom, not restrict it.

Tim: Der Staat schützt Freiheit, indem er klare Grenzen setzt. Religiöse Freiheit darf nicht über dem Gesetz stehen. Niemand sollte im Namen der Religion Sonderrechte fordern können. Wenn der Staat das zulässt, wird die Gesellschaft instabil, und das könnte langfristig zu Unruhen führen.

Tim: The state protects freedom by setting clear boundaries. Religious freedom cannot stand above the law. No one should be able to demand special rights in the name of religion. If the state allows that, society becomes unstable, and this could lead to unrest in the long run.

Lena: Grenzen sind wichtig, das stimmt. Aber der Staat darf nicht so weit gehen, dass er die Menschen zwingt, ihre religiöse Identität aufzugeben. Es geht um ein Gleichgewicht. Der Staat sollte nicht eingreifen, es sei denn, es gibt wirkliche Gefahren für die Gesellschaft. Aber in den meisten Fällen ist Religionsfreiheit eine Bereicherung, keine Bedrohung.

Lena: Boundaries are important, that's true. But the state shouldn't go so far as to force people to give up their religious identity. It's about balance. The state shouldn't interfere unless there are real dangers to society. But in most cases, religious freedom is an enrichment, not a threat.

Tim: Da gebe ich dir recht, aber das Gleichgewicht ist schwer zu finden. Es ist eine ständige Gratwanderung zwischen der Wahrung der Religionsfreiheit und dem Schutz der säkularen Werte eines Staates.

Tim: I agree with you, but finding that balance is difficult. It's a constant tightrope walk between upholding religious freedom and protecting the secular values of the state.

Lena: Ja, und ich glaube, es ist wichtig, dass der Staat immer im Sinne der Freiheit handelt. Religionsfreiheit ist ein Recht, das geschützt werden muss – aber ohne dabei die Sicherheit und den Zusammenhalt der Gesellschaft zu gefährden.

Lena: Yes, and I believe it's important that the state always acts in the spirit of freedom. Religious freedom is a right that must be protected – but without endangering the safety and cohesion of society.

Tim: Genau, der Schutz der Gesellschaft muss immer an erster Stelle stehen. Aber es ist unsere Aufgabe, die richtige Balance zu finden, damit sowohl Religionsfreiheit als auch die staatliche Ordnung gewahrt bleiben.

Tim: Exactly, protecting society must always come first. But it's our job to find the right balance so that both religious freedom and state order are preserved.

Geschlechtswechsel bei Jugendlichen: Sollten Minderjährige das Recht haben, vor dem Erwachsenenalter zu transitionieren?

Sophie (Pro Geschlechtswechsel bei Jugendlichen): Ich finde, dass Jugendliche das Recht haben sollten, ihren Geschlechtswechsel vor dem Erwachsenenalter zu beginnen, Jonas. Viele von ihnen wissen schon sehr früh, dass sie im falschen Körper geboren wurden, und warum sollten sie leiden, bis sie 18 sind?

Sophie (Pro transition for minors): I think that young people should have the right to begin their gender transition before adulthood, Jonas. Many of them know very early on that they were born in the wrong body, so why should they suffer until they turn 18?

Jonas (Contra Geschlechtswechsel bei Jugendlichen): Ich verstehe deine Sichtweise, Sophie, aber ich denke, dass Jugendliche oft noch nicht die emotionale Reife haben, um solche lebensverändernden Entscheidungen zu treffen. Sie befinden sich noch in der Entwicklung, sowohl körperlich als auch geistig, und es gibt zu viele Risiken, wenn sie so früh hormonelle oder operative Eingriffe vornehmen.

Jonas (Against transition for minors): I understand your perspective, Sophie, but I think young people often don't have the emotional maturity to make such life-altering decisions. They are still developing, both physically and mentally, and there are too many risks when they undergo hormonal or surgical procedures so early.

Sophie: Aber genau deshalb gibt es doch medizinische und psychologische Begleitung. Niemand lässt einen Jugendlichen ohne intensive Beratung eine Transition durchlaufen. Außerdem kann das Warten schädlich sein. Stell dir mal vor, wie es ist, jahrelang in einem Körper zu leben, der sich falsch anfühlt. Das kann enormen psychischen Stress verursachen.

Sophie: But that's exactly why there is medical and psychological support. No one lets a young person go through a transition without extensive counseling. Also, waiting can be harmful. Imagine living in a body that feels wrong for years. That can cause enormous psychological stress.

Jonas: Ja, aber was ist, wenn die Jugendlichen ihre Entscheidung später bereuen? Es gibt inzwischen immer mehr Berichte von Menschen, die nach einer Transition im Jugendalter merken, dass es nicht die richtige Entscheidung für sie war. Diese Eingriffe sind nicht rückgängig zu machen, und das sollte uns zu denken geben. Manchmal braucht es einfach mehr Zeit, um sicher zu sein.

Jonas: Yes, but what if young people regret their decision later? There are increasing reports of people who realize after transitioning in their youth that it wasn't the right decision for them. These procedures are irreversible, and that should give us pause. Sometimes it simply takes more time to be sure.

Sophie: Aber wie viele Jugendliche bereuen es wirklich? Die meisten, die eine Transition durchlaufen, berichten, dass sie endlich das Gefühl haben, sie selbst zu sein. Die Fälle von Reue sind die Ausnahme, nicht die Regel. Und sollte man die Mehrheit der Jugendlichen, die wirklich leiden, daran hindern, weil es ein paar wenige gibt, die ihre Entscheidung bereuen?

Sophie: But how many young people truly regret it? Most who go through a transition report that they finally feel like themselves. The cases of regret are the exception, not the rule. Should we prevent the majority of suffering youth from transitioning because a few might regret their decision?

Jonas: Es geht nicht nur um die Anzahl der Fälle. Selbst wenn es wenige sind, ist der Schaden für diejenigen, die ihre Entscheidung bereuen, extrem groß. Deshalb finde ich, dass man warten sollte, bis das Gehirn und der Körper vollständig entwickelt sind. Das

Erwachsenwerden bringt so viele Veränderungen mit sich, und was man mit 16 will, ist oft nicht das, was man mit 25 will.

Jonas: It's not just about the number of cases. Even if it's only a few, the damage for those who regret their decision is immense. That's why I believe we should wait until the brain and body are fully developed. Growing up brings so many changes, and what you want at 16 is often not what you want at 25.

Sophie: Aber was ist mit der psychischen Gesundheit der Jugendlichen? Studien zeigen, dass die Selbstmordraten unter trans Jugendlichen viel höher sind, wenn sie keine Unterstützung erhalten. Das Warten kann also mehr schaden als nützen. Sie fühlen sich oft nicht gehört und isoliert, und das könnte durch eine frühere Transition verhindert werden.

Sophie: But what about the mental health of young people? Studies show that suicide rates are much higher among trans youth who don't receive support. Waiting can do more harm than good. They often feel unheard and isolated, and an earlier transition could prevent that.

Jonas: Ich verstehe, dass das Leiden real ist, aber ich glaube nicht, dass eine medizinische Transition immer die beste Lösung ist. Vielleicht sollte man mehr in psychologische Betreuung investieren, um den Jugendlichen zu helfen, sich mit ihrem Körper und ihrer Identität auseinanderzusetzen, bevor sie irreversible Schritte unternehmen.

Jonas: I understand that the suffering is real, but I don't think a medical transition is always the best solution. Maybe we should invest more in psychological care to help young people deal with their body and identity before they take irreversible steps.

Sophie: Aber diese psychologische Betreuung gibt es doch schon, und sie hilft den meisten Jugendlichen, ihre Identität zu verstehen. Aber wenn jemand nach Jahren der Therapie immer noch den Wunsch hat, zu transitionieren, warum sollte man ihn dann warten lassen? Es geht um Lebensqualität. Jeder Tag, an dem sie gezwungen sind, in einem Körper zu leben, der sich falsch anfühlt, ist ein verlorener Tag.

Sophie: But that psychological care already exists, and it helps most young people understand their identity. But if, after years of therapy, someone still wants to transition, why should they have to wait? It's about quality of life. Every day they are forced to live in a body that feels wrong is a lost day.

Jonas: Ich sehe das anders. Ich finde, es ist eine zu große Verantwortung, diese Entscheidung in so jungen Jahren zu treffen. Die Pubertät ist eine Phase des ständigen Wandels, und viele Jugendliche kämpfen in dieser Zeit mit ihrer Identität, unabhängig von ihrer Geschlechtsidentität. Es wäre klüger, abzuwarten, bis sie die nötige Reife haben.

Jonas: I see it differently. I think it's too great a responsibility to make this decision at such a young age. Puberty is a time of constant change, and many young people struggle with their identity, regardless of their gender identity. It would be wiser to wait until they have the necessary maturity.

Sophie: Aber die Pubertät ist genau das Problem! Wenn ein Jugendlicher, der trans ist, gezwungen wird, die Pubertät durchzumachen, wird sein Körper sich in eine Richtung entwickeln, die ihn noch weiter von seinem wahren Selbst entfernt. Pubertätsblocker geben den Jugendlichen die Möglichkeit, Zeit zu gewinnen, ohne irreversible Veränderungen zu erleben.

Sophie: But puberty is exactly the problem! If a trans teenager is forced to go through puberty, their body will develop in a way that takes them even further from their true self. Puberty blockers give young people the opportunity to gain time without experiencing irreversible changes.

Jonas: Aber Pubertätsblocker sind auch nicht ohne Risiken. Sie können das Knochenwachstum beeinträchtigen und möglicherweise langfristige gesundheitliche Auswirkungen haben, die wir noch gar nicht vollständig verstehen. Das sind große Entscheidungen, die eine langfristige Perspektive erfordern.

Jonas: But puberty blockers aren't without risks either. They can affect bone growth and may have long-term health effects that we don't fully understand yet. These are major decisions that require a long-term perspective.

Sophie: Natürlich gibt es Risiken, aber das Leben selbst ist riskant. Es ist nicht fair, Jugendlichen zu sagen, dass sie warten müssen, bis es zu spät ist, um ihren Körper so zu gestalten, wie sie ihn wirklich wollen. Die Risiken müssen abgewogen werden gegen das Leid, das sie erleben, wenn sie gezwungen werden, in einem Körper zu leben, der sich nicht richtig anfühlt.

Sophie: Of course there are risks, but life itself is risky. It's not fair to tell young people they have to wait until it's too late to shape their body the way they truly want. The risks must be weighed against the suffering they experience when they are forced to live in a body that feels wrong.

Jonas: Aber gerade weil die Entscheidung so endgültig ist, sollte sie nicht in einem Alter getroffen werden, in dem man noch so beeinflussbar ist. Was, wenn der Druck von außen oder von sozialen Medien kommt? Jugendliche stehen heute unter enormem Druck, in jeder Hinsicht perfekt zu sein. Ich befürchte, dass dieser Druck auch Entscheidungen über die Geschlechtsidentität beeinflussen könnte.

Jonas: But precisely because the decision is so final, it shouldn't be made at an age when one is still so impressionable. What if the pressure comes from outside or from social media? Young people are under enormous pressure today to be perfect in every way. I fear that this pressure could also influence decisions about gender identity.

Sophie: Das mag in manchen Fällen so sein, aber wir dürfen nicht vergessen, dass trans Jugendliche wirklich existieren und dass ihr Leid real ist. Die Entscheidung zu transitionieren ist keine Modeerscheinung oder ein impulsiver Akt. Es ist das Ergebnis von tiefem, innerem Nachdenken, oft über Jahre hinweg.

Sophie: That may be true in some cases, but we must not forget that trans teenagers really exist and that their suffering is real. The decision to transition isn't a trend or an impulsive act. It's the result of deep, inner reflection, often over years.

Jonas: Und genau deshalb finde ich, dass diese Entscheidung nicht unter 18 getroffen werden sollte. Erwachsene haben die nötige Reife, die Folgen besser zu verstehen und abzuwägen. Jugendliche sind in einer Phase des ständigen Wandels, und manchmal ändern sich ihre Gefühle und Wünsche noch dramatisch.

Jonas: And that's exactly why I believe this decision shouldn't be made before 18. Adults have the maturity to better understand and weigh the consequences. Young people are in a phase of constant change, and sometimes their feelings and desires change dramatically.

Sophie: Aber was passiert, wenn ein Jugendlicher bis 18 warten muss und dann das Gefühl hat, dass sein Leben schon teilweise vorbei ist? Sie sollten die Möglichkeit haben, ihr wahres Selbst zu leben, wenn sie bereit dafür sind – und nicht, wenn die Gesellschaft entscheidet, dass es „der richtige Zeitpunkt" ist.

Sophie: But what happens if a teenager has to wait until they're 18 and then feel like part of their life is already over? They should have the opportunity to live their true self when they are ready – not when society decides it's "the right time."

Jonas: Ich verstehe deinen Punkt, aber ich glaube, dass der Schutz der langfristigen Gesundheit und des Wohlbefindens der Jugendlichen Vorrang haben sollte. Man sollte nicht vorschnell irreversible Entscheidungen treffen, die möglicherweise später bereut werden könnten.

Jonas: I understand your point, but I believe that protecting the long-term health and well-being of young people should take priority. We shouldn't rush into irreversible decisions that might be regretted later.

Sophie: Und ich glaube, dass das Wohlbefinden der Jugendlichen am besten geschützt wird, wenn wir ihnen das Vertrauen geben, ihre eigene Identität zu leben. Das erfordert Mut und Unterstützung, nicht staatliche Kontrolle.

Sophie: And I believe that the well-being of young people is best protected when we trust them to live their own identity. That requires courage and support, not state control.

Jonas: Dann sind wir uns wohl nicht ganz einig, aber es ist klar, dass es eine komplexe und sensible Frage ist, die viel Aufmerksamkeit und Sorgfalt erfordert.

Jonas: I guess we don't fully agree, but it's clear that this is a complex and sensitive issue that requires a lot of attention and care.

Sophie: Absolut. Wir müssen sicherstellen, dass Jugendliche die Unterstützung und die Freiheit haben, die sie brauchen, um ihre Identität zu finden, egal welche Entscheidungen sie am Ende treffen.

Sophie: Absolutely. We must ensure that young people have the support and freedom they need to find their identity, no matter what decisions they ultimately make.

Sklaverei in der transatlantischen Welt: Moralische und historische Perspektiven

Hannah (Pro historische Analyse): Die transatlantische Sklaverei war eine der schrecklichsten Perioden der Menschheitsgeschichte, Markus. Aber wir müssen sie in einem historischen Kontext betrachten. Damals war die Welt anders, und viele Menschen sahen die Sklaverei als wirtschaftliche Notwendigkeit an. Es ist leicht, heute moralisch darüber zu urteilen, aber wir müssen verstehen, warum es passiert ist.

Hannah (Pro-historical analysis): Transatlantic slavery was one of the most horrific periods in human history, Markus. But we need to look at it in a historical context. The world was different back then, and many people saw slavery as an economic necessity. It's easy to judge it morally today, but we must understand why it happened.

Markus (Pro moralische Verurteilung): Hannah, nur weil etwas historisch passiert ist, macht es das nicht weniger grausam. Es war ein systematischer Missbrauch von Menschenrechten, Millionen von Menschen wurden brutal ausgebeutet und entmenschlicht. Wir dürfen das nicht einfach nur als „historischen Kontext" abtun, sondern müssen es klar als Verbrechen verurteilen.

Markus (Pro-moral condemnation): Hannah, just because something happened in history doesn't make it any less cruel. It was a systematic abuse of human rights, and millions of people were brutally exploited and dehumanized. We can't simply dismiss it as "historical context"; we must clearly condemn it as a crime.

Hannah: Natürlich war es unmenschlich, aber ohne den historischen Kontext zu verstehen, werden wir nie die Lehren daraus ziehen. Sklaverei war nicht nur auf den transatlantischen Handel beschränkt, es gab sie in vielen Teilen der Welt. Wir müssen uns fragen, warum so viele Zivilisationen Sklaverei praktiziert haben, anstatt nur moralisch den Finger zu erheben.

Hannah: Of course it was inhumane, but without understanding the historical context, we'll never learn the lessons from it. Slavery wasn't limited to the transatlantic trade; it existed in many parts of the world. We need to ask why so many civilizations practiced slavery instead of just pointing a moral finger.

Markus: Das mag sein, aber es gibt einen Unterschied zwischen dem Verständnis der Vergangenheit und der Relativierung. Die europäische und amerikanische Sklaverei im transatlantischen Raum war einzigartig in ihrer Brutalität und ihrem systematischen Charakter. Menschen wurden als Ware betrachtet, nur basierend auf ihrer Hautfarbe. Das ist eine der zentralen Wurzeln des heutigen Rassismus, und wir dürfen das nicht durch den „historischen Kontext" relativieren.

Markus: That may be, but there's a difference between understanding the past and relativizing it. European and American slavery in the transatlantic world was unique in its brutality and systematic nature. People were treated as commodities based solely on their skin color. This is one of the central roots of modern racism, and we can't relativize that by citing "historical context."

Hannah: Ich relativiere es nicht. Aber wir müssen uns auch die wirtschaftlichen und politischen Faktoren ansehen, die dazu geführt haben. Der Reichtum Europas und Amerikas wurde durch den Handel mit Sklaven und den Anbau von Zucker, Baumwolle und Tabak aufgebaut. Es war ein globales System, und viele Menschen waren direkt oder indirekt daran beteiligt. Wenn wir das nicht verstehen, werden wir nie begreifen, wie tief die Wurzeln dieses Systems reichen.

Hannah: I'm not relativizing it. But we also need to look at the economic and political factors that led to it. The wealth of Europe and America was built through the slave trade and the cultivation of sugar, cotton, and tobacco. It was a global system, and many people were directly or indirectly involved. If we don't understand that, we'll never grasp how deep the roots of this system run.

Markus: Aber das erklärt nicht die unmenschliche Behandlung der Sklaven. Diese Menschen wurden ihrer Freiheit beraubt, ihrer Familien, ihrer Kultur. Sie wurden wie Tiere behandelt, vergewaltigt, gefoltert, verkauft. Wirtschaftliche Gründe mögen erklären, warum es passiert ist, aber sie rechtfertigen es nicht. Die moralische Schuld ist klar und unverkennbar.

Markus: But that doesn't explain the inhumane treatment of the slaves. These people were deprived of their freedom, their families, their culture. They were treated like animals, raped, tortured, and sold. Economic reasons may explain why it happened, but they don't justify it. The moral guilt is clear and unmistakable.

Hannah: Ja, aber wenn wir nur auf die moralische Schuld schauen, lernen wir nicht, wie wir solche Verbrechen in der Zukunft verhindern können. Sklaverei existiert heute noch in verschiedenen Formen, sei es in Sweatshops, Menschenhandel oder Zwangsarbeit. Das bedeutet, dass wir nicht einfach auf die Vergangenheit zeigen und sagen können: „Das war falsch." Wir müssen verstehen, wie solche Systeme entstehen, um sie zu verhindern.

Hannah: Yes, but if we only focus on the moral guilt, we don't learn how to prevent such crimes in the future. Slavery still exists today in various forms, whether in sweatshops, human trafficking, or forced labor. This means we can't just point to the past and say, "That was wrong." We need to understand how such systems arise in order to prevent them.

Markus: Das stimmt, aber wir müssen uns auch fragen, warum es so lange gedauert hat, bis die Sklaverei abgeschafft wurde. Trotz der klaren moralischen Verfehlungen haben viele Menschen sie verteidigt – sogar nach der Aufklärung, als die Menschenrechte stärker in den Vordergrund rückten. Warum? Weil wirtschaftliche Interessen über die Moral gestellt wurden. Und genau das ist das Problem: Wir dürfen wirtschaftliche oder historische „Erklärungen" nicht als Entschuldigung gelten lassen.

Markus: That's true, but we also have to ask why it took so long for slavery to be abolished. Despite the clear moral wrongs, many people defended it – even after the Enlightenment, when human rights became more prominent. Why? Because economic interests were placed above morality. And that's exactly the problem: we can't allow economic or historical "explanations" to serve as excuses.

Hannah: Es geht nicht um Entschuldigung, sondern um Verständnis. Wenn wir uns nur auf die moralische Empörung konzentrieren, verlieren wir das größere Bild aus den Augen. Wir müssen fragen, wie es möglich war, dass Sklaverei über Jahrhunderte hinweg als normal betrachtet wurde. Was hat die Gesellschaft so blind gemacht? Diese Fragen helfen uns, auch heute nicht blind gegenüber neuen Formen der Ausbeutung zu sein.

Hannah: It's not about excuses, it's about understanding. If we only focus on moral outrage, we lose sight of the bigger picture. We need to ask how slavery was considered normal for centuries. What made society so blind? These questions help us avoid being blind to new forms of exploitation today.

Markus: Aber ohne moralische Klarheit riskieren wir, die Unmenschlichkeit zu verwässern. Sklaverei war ein Verbrechen gegen die Menschlichkeit, und das muss klar gesagt werden. Viele der heutigen Probleme, die wir sehen – Ungleichheit, Rassismus, systematische Diskriminierung – sind direkte Folgen der transatlantischen Sklaverei. Wir können nicht neutral über diese Dinge sprechen, ohne die tiefe moralische Verwerflichkeit anzuerkennen.

Markus: But without moral clarity, we risk diluting the inhumanity of it. Slavery was a crime against humanity, and that must be said clearly. Many of the problems we see today – inequality, racism, systemic discrimination – are direct consequences of transatlantic slavery. We cannot speak neutrally about these things without acknowledging the profound moral depravity.

Hannah: Natürlich war es moralisch verwerflich. Aber ich denke, es ist ebenso wichtig zu verstehen, wie tief Sklaverei in die ökonomischen und politischen Strukturen der damaligen Zeit eingebettet war. Es war nicht nur ein „Fehler" der Vergangenheit, sondern ein komplexes System, das von vielen Menschen getragen und gefördert wurde – nicht nur von den Sklavenhaltern selbst. Das zeigt, wie leicht Gesellschaften in Unrecht verstrickt werden können, wenn sie nicht wachsam sind.

Hannah: Of course, it was morally reprehensible. But I think it's just as important to understand how deeply slavery was embedded in the economic and political structures of that time. It wasn't just a "mistake" of the past, but a complex system supported and promoted by many people – not just the slave owners themselves. This shows how easily societies can become entangled in injustice if they are not vigilant.

Markus: Und das ist genau der Punkt: Gesellschaften waren nicht „verstrickt" in Sklaverei, sie haben sie aktiv betrieben. Die systematische Entmenschlichung von Afrikanern war ein zentraler Bestandteil des Kolonialismus. Es war kein Nebeneffekt, sondern ein bewusstes System der Unterdrückung und Ausbeutung. Der Kolonialismus und die Sklaverei gingen Hand in Hand, und wir sehen heute noch die Auswirkungen davon in vielen ehemals kolonisierten Ländern.

Markus: And that's exactly the point: societies weren't "entangled" in slavery; they actively operated it. The systematic dehumanization of Africans was a central part of colonialism. It wasn't a side effect but a deliberate system of oppression and exploitation. Colonialism and slavery went hand in hand, and we still see the effects of this today in many formerly colonized countries.

Hannah: Ich bestreite nicht, dass die Auswirkungen noch heute spürbar sind. Aber gerade deshalb müssen wir uns fragen, wie diese Systeme so mächtig werden konnten. Es reicht nicht, nur moralisch zu verurteilen. Wir müssen auch fragen, welche strukturellen und ideologischen Kräfte im Spiel waren und wie diese überwunden werden können. Nur so können wir verhindern, dass solche Dinge wieder geschehen.

Hannah: I don't deny that the effects are still felt today. But that's precisely why we need to ask how these systems became so powerful. It's not enough to just condemn them morally. We also need to ask what structural and ideological forces were at play and how they can be overcome. Only then can we prevent such things from happening again.

Markus: Ich stimme zu, dass wir strukturelle Analysen brauchen, aber ich glaube, dass die moralische Verurteilung im Vordergrund stehen muss. Wir dürfen nicht den Fehler machen, die Vergangenheit nur als eine „historische Lektion" zu sehen. Es geht um menschliches Leid, um Millionen von Menschenleben. Die

Tatsache, dass es heute noch Rassismus und Ungleichheit gibt, zeigt, dass die moralischen Lektionen der Sklaverei noch immer nicht vollständig verstanden wurden.

Markus: I agree that we need structural analyses, but I believe that moral condemnation must take center stage. We can't make the mistake of seeing the past as just a "historical lesson." It's about human suffering, about millions of lives. The fact that racism and inequality still exist today shows that the moral lessons of slavery have still not been fully understood.

Hannah: Und genau deshalb müssen wir auch die strukturellen Fragen stellen. Sklaverei war nicht nur eine moralische Verfehlung, sondern ein tief verwurzeltes System von Macht und Kontrolle. Es zeigt uns, wie gefährlich es ist, wenn wirtschaftliche Interessen und Machtstrukturen über die Menschlichkeit gestellt werden. Wir können solche Systeme nur überwinden, wenn wir sie in ihrer gesamten Komplexität verstehen.

Hannah: And that's exactly why we also need to ask the structural questions. Slavery wasn't just a moral wrongdoing but a deeply entrenched system of power and control. It shows us how dangerous it is when economic interests and power structures are placed above humanity. We can only overcome such systems if we understand them in all their complexity.

Markus: Aber ohne die moralische Empörung riskieren wir, Sklaverei zu sehr zu „erklären" und zu wenig zu verurteilen. Es gibt Dinge, die einfach falsch sind, unabhängig von den Umständen. Sklaverei ist eines davon. Wir müssen den Menschen klar machen, dass es keine Entschuldigung dafür gibt, egal wie die historischen Umstände waren.

Markus: But without moral outrage, we risk over-explaining slavery and not condemning it enough. Some things are just wrong, regardless of the circumstances. Slavery is one of those things. We need to make it clear to people that there is no excuse for it, no matter the historical circumstances.

Hannah: Es geht nicht um Entschuldigungen, sondern um Erklärungen. Nur durch Verständnis können wir sicherstellen, dass solche Verbrechen nicht wieder geschehen. Sklaverei war nicht nur das Produkt von individuellen moralischen Fehltritten, sondern ein Symptom eines Systems, das Menschen nach ihrem Nutzen bewertet hat. Und solange wir das nicht vollständig begreifen, werden wir immer wieder ähnliche Formen der Ausbeutung erleben.

Hannah: It's not about excuses, but explanations. Only through understanding can we ensure that such crimes don't happen again. Slavery wasn't just the product of individual moral failings, but a symptom of a system that valued people based on their utility. And as long as we don't fully grasp that, we'll continue to see similar forms of exploitation.

Markus: Vielleicht ist es eine Frage der Balance. Wir müssen sowohl die moralische Verurteilung als auch das tiefere Verständnis der Strukturen im Auge behalten. Beides ist wichtig, um die richtigen Lehren aus der Geschichte zu ziehen.

Markus: Maybe it's a question of balance. We need to keep both the moral condemnation and the deeper understanding of the structures in mind. Both are important to draw the right lessons from history.

Hannah: Da stimme ich dir zu. Ohne beides – moralische Klarheit und historisches Verständnis – riskieren wir, entweder die Vergangenheit zu vereinfachen oder die Zukunft zu gefährden.

Hannah: I agree with you. Without both – moral clarity and historical understanding – we risk either oversimplifying the past or endangering the future.

Markus: Genau. Sklaverei war eines der größten Verbrechen der Menschheitsgeschichte, und wir müssen sicherstellen, dass wir aus dieser dunklen Zeit die richtigen Lehren ziehen – sowohl moralisch als auch historisch.

Markus: Exactly. Slavery was one of the greatest crimes in human history, and we need to ensure that we draw the right lessons from that dark time – both morally and historically.

Versklavung von Europäern in der islamischen Welt: Wie sollte dieser Teil der Geschichte in Erinnerung bleiben, wenn Millionen von Europäern zu Sklaven wurden?

Lea (Pro Erinnerung): Ich finde, dass dieser Teil der Geschichte viel zu wenig Beachtung bekommt, Tom. Die Versklavung von Europäern in der islamischen Welt ist ein Aspekt, der in unseren Geschichtsbüchern fast gar nicht vorkommt, obwohl Millionen von Menschen betroffen waren. Wir müssen daran erinnern, dass nicht nur Afrikaner, sondern auch Europäer Opfer der Sklaverei wurden.

Lea (Pro-remembering): I think this part of history gets far too little attention, Tom. The enslavement of Europeans in the Islamic world is a topic that hardly appears in our history books, even though millions of people were affected. We must remember that not only Africans but also Europeans were victims of slavery.

Tom (Pro Fokus auf die globalen Folgen): Ja, Lea, aber es ist wichtig, die Dinge ins Verhältnis zu setzen. Die Versklavung von Europäern in der islamischen Welt war zwar real, aber sie ist nicht mit dem transatlantischen Sklavenhandel vergleichbar. Die Dimensionen sind ganz anders. Außerdem sollte der Fokus nicht auf den Leiden einzelner Gruppen liegen, sondern auf den globalen Folgen der Sklaverei insgesamt.

Tom (Pro-focus on global impacts): Yes, Lea, but it's important to put things into perspective. The enslavement of Europeans in the Islamic world was real, but it's not comparable to the transatlantic slave trade. The scales are very different. Also, the focus shouldn't be on the suffering of individual groups, but on the global consequences of slavery as a whole.

Lea: Aber gerade deshalb ist es doch wichtig, über diesen Teil der Geschichte zu sprechen. Wenn wir immer nur über den transatlantischen Sklavenhandel sprechen, geraten andere Opfer der Sklaverei in Vergessenheit. Die europäische Geschichte ist ebenfalls von Versklavung geprägt, und das sollte nicht unter den Tisch gekehrt werden. Warum wird das so selten thematisiert?

Lea: But that's exactly why it's important to talk about this part of history. If we only ever talk about the transatlantic slave trade, other victims of slavery are forgotten. European history is also marked by enslavement, and that shouldn't be swept under the rug. Why is it mentioned so rarely?

Tom: Vielleicht, weil der transatlantische Sklavenhandel noch heute tiefgreifende soziale und wirtschaftliche Folgen hat. Der Rassismus, den wir heute erleben, ist eine direkte Folge dieses Systems. Die Versklavung von Europäern in der islamischen Welt hatte nicht den gleichen anhaltenden Einfluss auf die europäische Gesellschaft. Es gibt keine systematische Diskriminierung von Europäern aufgrund dieser Vergangenheit.

Tom: Maybe because the transatlantic slave trade still has profound social and economic consequences today. The racism we see today is a direct result of that system. The enslavement of Europeans in the Islamic world didn't have the same lasting impact on European society. There's no systemic discrimination against Europeans because of that past.

Lea: Mag sein, dass es keine direkten Folgen in der gleichen Form gibt, aber es geht auch um Gerechtigkeit im Umgang mit der Geschichte. Wir sollten nicht nur bestimmte Kapitel hervorheben, sondern die gesamte Geschichte der Sklaverei aufarbeiten. Die Menschen, die in Nordafrika oder dem Osmanischen Reich versklavt wurden, haben genauso gelitten. Ihr Schicksal sollte genauso gewürdigt werden wie das der afrikanischen Sklaven.

Lea: That may be true, that there aren't direct consequences in the same way, but it's also about justice in dealing with history. We shouldn't only highlight certain chapters, but address the entire history of slavery. The people enslaved in North Africa or the

Ottoman Empire suffered just as much. Their fate should be honored as much as that of African slaves.

Tom: Aber wir müssen auch aufpassen, dass wir nicht versuchen, Leid gegeneinander aufzuwiegen. Natürlich war die Versklavung von Europäern schrecklich, aber sie hatte nicht den gleichen globalen und anhaltenden Effekt wie der transatlantische Sklavenhandel. Und letztlich war Europa nicht das Opfer von Sklaverei, sondern der größte Profiteur des Sklavenhandels. Das ist der Hauptgrund, warum die Geschichte des transatlantischen Handels so zentral ist.

Tom: But we have to be careful not to weigh suffering against each other. Of course, the enslavement of Europeans was terrible, but it didn't have the same global and lasting effect as the transatlantic slave trade. And ultimately, Europe wasn't the victim of slavery, but the greatest beneficiary of the slave trade. That's the main reason why the history of the transatlantic trade is so central.

Lea: Trotzdem sollten wir nicht vergessen, dass viele Europäer ebenfalls in die islamische Welt verschleppt und dort brutal behandelt wurden. Sie wurden wie Eigentum verkauft, mussten harte Arbeit verrichten und hatten kaum Chancen, ihre Freiheit zurückzuerlangen. Das war für sie genauso traumatisch wie für afrikanische Sklaven. Warum sollte man das weniger ernst nehmen?

Lea: Even so, we shouldn't forget that many Europeans were also taken to the Islamic world and brutally treated there. They were sold like property, forced to do hard labor, and had little chance of regaining their freedom. It was just as traumatic for them as it was for African slaves. Why should that be taken less seriously?

Tom: Es geht nicht darum, es weniger ernst zu nehmen, sondern um den Kontext. Der transatlantische Sklavenhandel hat ganze Kontinente geprägt, während die Versklavung von Europäern in der islamischen Welt eher regional begrenzt war. Europa hat sich

Tom: It's not about taking it less seriously, but about context. The transatlantic slave trade shaped entire continents, while the enslavement of Europeans in the Islamic world was more regionally confined. Europe recovered, while many African countries are still grappling with the effects of slavery today. That's why today's focus on remembrance is centered on the transatlantic trade.

Lea: Aber bedeutet das, dass wir die Versklavung von Europäern einfach ignorieren sollten? Ich denke, wir müssen uns auch mit diesem Teil der Geschichte auseinandersetzen, um ein vollständigeres Bild zu bekommen. Es geht nicht darum, Leid zu vergleichen, sondern darum, Gerechtigkeit zu schaffen und alle Opfer von Sklaverei zu würdigen.

Lea: But does that mean we should just ignore the enslavement of Europeans? I think we also need to confront this part of history to get a more complete picture. It's not about comparing suffering, but about creating justice and honoring all victims of slavery.

Tom: Natürlich sollten wir uns auch mit der Versklavung von Europäern beschäftigen, aber ich denke, die Art und Weise, wie wir über Sklaverei sprechen, muss in erster Linie die globalen Konsequenzen und die systematische Ausbeutung Afrikas thematisieren. Wenn wir anfangen, die Aufmerksamkeit auf die Versklavung von Europäern zu lenken, besteht die Gefahr, dass die Bedeutung des transatlantischen Handels verwässert wird.

Tom: Of course, we should also address the enslavement of Europeans, but I believe the way we talk about slavery must primarily focus on the global consequences and the systematic exploitation of Africa. If we start shifting attention to the enslavement of Europeans, there's a risk that the significance of the transatlantic trade will be diluted.

Lea: Ich glaube nicht, dass das passiert. Es geht doch nicht darum, einen Teil der Geschichte zu verdrängen, sondern die Erinnerung auszuweiten. Wir sollten in der Lage sein, über beide Aspekte zu sprechen – über den transatlantischen Handel und die Versklavung von Europäern in der islamischen Welt. Beide sind wichtige Teile der Geschichte, die uns heute noch beeinflussen.

Lea: I don't think that will happen. It's not about overshadowing one part of history but expanding our memory. We should be able to talk about both aspects – the transatlantic trade and the enslavement of Europeans in the Islamic world. Both are important parts of history that still influence us today.

Tom: Aber was wäre das Ziel? Es gibt keine systematische Unterdrückung von Europäern aufgrund dieser Vergangenheit. Der Fokus auf den transatlantischen Sklavenhandel ist deshalb so stark, weil er bis heute Auswirkungen auf die soziale Ungleichheit und den Rassismus hat. Die Versklavung von Europäern ist historisch bedeutsam, aber sie spielt in den heutigen gesellschaftlichen Debatten keine große Rolle.

Tom: But what would be the goal? There's no systemic oppression of Europeans because of that past. The focus on the transatlantic slave trade is so strong because it still affects social inequality and racism today. The enslavement of Europeans is historically significant, but it doesn't play a major role in today's social debates.

Lea: Das Ziel wäre, eine vollständige und gerechte Geschichtsschreibung zu fördern. Wenn wir nur auf bestimmte Opfergruppen schauen, bleiben andere Geschichten unsichtbar. Es geht nicht darum, den transatlantischen Sklavenhandel zu relativieren, sondern die historische Komplexität der Sklaverei in ihrer Gesamtheit zu verstehen. Wer weiß, vielleicht hilft das auch, Vorurteile gegenüber anderen Kulturen besser zu verstehen.

Lea: The goal would be to promote a complete and fair representation of history. If we only focus on certain victim groups, other stories remain invisible. It's not about relativizing the transatlantic slave trade but understanding the full complexity of slavery. Who knows, maybe it will also help us better understand prejudices against other cultures.

Tom: Versteh mich nicht falsch, ich bin dafür, dass wir über diese Geschichte sprechen, aber wir müssen dabei die richtige Perspektive bewahren. Die Versklavung von Europäern in der islamischen Welt war ein regionales Phänomen und hatte nicht die gleichen systemischen Folgen wie der transatlantische Handel. Der Fokus auf diesen Aspekt könnte die Diskussion über die Folgen des Kolonialismus und des Rassismus verwässern.

Tom: Don't get me wrong, I'm in favor of discussing this history, but we need to maintain the right perspective. The enslavement of Europeans in the Islamic world was a regional phenomenon and didn't have the same systemic impact as the transatlantic trade. Focusing on this aspect could water down the discussion about the effects of colonialism and racism.

Lea: Vielleicht, aber ich denke, wir müssen der Geschichte gerecht werden, indem wir auch über weniger bekannte Aspekte sprechen. Die Tatsache, dass Millionen Europäer verschleppt wurden, sollte nicht ignoriert werden, nur weil es ein anderes historisches Narrativ gibt, das im Vordergrund steht. Geschichte ist nie einfach, und wir sollten alle Teile davon beleuchten.

Lea: Maybe, but I think we need to do justice to history by also discussing the lesser-known aspects. The fact that millions of Europeans were taken should not be ignored just because there's another historical narrative that takes the forefront. History is never simple, and we should illuminate all parts of it.

Tom: Das stimmt. Geschichte ist komplex, und es gibt viele Schichten, die wir betrachten müssen. Aber letztlich müssen wir entscheiden, welche Aspekte der Vergangenheit für die heutige Welt die größte Bedeutung haben. Und da führt kein Weg an der Tatsache vorbei, dass der transatlantische Sklavenhandel und seine Folgen für die heutige Gesellschaft von zentraler Bedeutung sind.

Tom: That's true. History is complex, and there are many layers we have to consider. But in the end, we must decide which aspects of the past are most significant for today's world. And there's no avoiding the fact that the transatlantic slave trade and its consequences are central to today's society.

Lea: Ja, aber das eine schließt das andere nicht aus. Beide Teile der Geschichte haben ihre Bedeutung, und es liegt an uns, diese Geschichten vollständig zu erzählen. Wenn wir das tun, werden wir vielleicht ein tieferes Verständnis für die Mechanismen der Sklaverei und der Machtstrukturen bekommen, die sie möglich gemacht haben – sowohl in Europa als auch in der islamischen Welt.

Lea: Yes, but one doesn't exclude the other. Both parts of history have their significance, and it's up to us to tell these stories fully. If we do that, we might gain a deeper understanding of the mechanisms of slavery and the power structures that made it possible – both in Europe and the Islamic world.

Tom: Vielleicht hast du recht. Es geht nicht darum, einen Teil der Geschichte zu übersehen, sondern darum, den richtigen Rahmen zu finden, um über alles zu sprechen. Vielleicht sollten wir beide Seiten dieser schrecklichen Geschichte besser in unser kollektives Gedächtnis aufnehmen, ohne den Fokus auf das Wesentliche zu verlieren.

Tom: Maybe you're right. It's not about overlooking any part of history, but about finding the right framework to discuss everything. Maybe we should incorporate both sides of this terrible history into our collective memory without losing focus on what's most important.

Lea: Genau, und das bedeutet, dass wir nicht nur die schrecklichen Folgen des transatlantischen Sklavenhandels erkennen, sondern auch die weniger bekannten Kapitel wie die Versklavung von Europäern in der islamischen Welt. Nur so können wir die volle Tragweite der Sklaverei verstehen und daraus die richtigen Lehren für die Zukunft ziehen.

Lea: Exactly, and that means recognizing not only the terrible consequences of the transatlantic slave trade but also the lesser-known chapters like the enslavement of Europeans in the Islamic world. Only then can we fully understand the scope of slavery and draw the right lessons for the future.

Der Sklavenhandel im Indischen Ozean: Die weniger bekannte Geschichte von über 1000 Jahren muslimischer Sklaverei

Jana (Pro historische Aufarbeitung): Es ist erstaunlich, wie wenig über den Sklavenhandel im Indischen Ozean gesprochen wird, Stefan. Diese Geschichte erstreckt sich über mehr als 1000 Jahre und wird kaum in unseren Geschichtsbüchern erwähnt. Millionen von Menschen wurden versklavt, aber der Fokus liegt fast immer nur auf dem transatlantischen Sklavenhandel.

Jana (Pro-historical reappraisal): It's astonishing how little is said about the slave trade in the Indian Ocean, Stefan. This history spans over 1000 years and is hardly mentioned in our history books. Millions of people were enslaved, but the focus is almost always on the transatlantic slave trade.

Stefan (Pro Fokus auf die größeren Auswirkungen): Das stimmt, Jana, aber der transatlantische Sklavenhandel hatte weitaus größere Auswirkungen auf die heutige Welt. Die Geschichte des Indischen Ozeans ist wichtig, aber sie hat nicht denselben globalen Einfluss gehabt. Der Rassismus, den wir heute erleben, ist eine direkte Folge des transatlantischen Handels, nicht des Sklavenhandels im Indischen Ozean.

Stefan (Pro-focus on broader impacts): That's true, Jana, but the transatlantic slave trade had far greater effects on today's world. The history of the Indian Ocean is important, but it didn't have the same global impact. The racism we experience today is a direct result of the transatlantic trade, not the Indian Ocean slave trade.

Jana: Das mag sein, aber das bedeutet nicht, dass wir diese Geschichte ignorieren sollten. Der Sklavenhandel im Indischen Ozean betraf viele Regionen, von Ostafrika über die Arabische Halbinsel bis nach Indien und Südostasien. Es wurden Millionen von Menschen verschleppt, und die Folgen waren für diese

Regionen verheerend. Es geht nicht darum, Leid zu vergleichen, sondern um die Anerkennung aller Opfer.

Jana: That may be true, but that doesn't mean we should ignore this history. The Indian Ocean slave trade affected many regions, from East Africa to the Arabian Peninsula, India, and Southeast Asia. Millions of people were displaced, and the consequences were devastating for these regions. It's not about comparing suffering but acknowledging all victims.

Stefan: Ich sage ja nicht, dass wir die Geschichte nicht anerkennen sollten, aber wir müssen Prioritäten setzen. Der transatlantische Sklavenhandel hat das Verhältnis zwischen Europa, Afrika und Amerika dauerhaft verändert. Die Sklaverei im Indischen Ozean war weniger organisiert und systematisch als der transatlantische Handel. Außerdem hatte sie nicht die gleichen rassistischen Grundlagen. Europäische Kolonialmächte haben den Rassismus institutionalisiert, und das ist bis heute spürbar.

Stefan: I'm not saying we shouldn't acknowledge the history, but we have to set priorities. The transatlantic slave trade permanently altered the relationship between Europe, Africa, and the Americas. Slavery in the Indian Ocean was less organized and systematic than the transatlantic trade. It also didn't have the same racist foundations. European colonial powers institutionalized racism, and that's still felt today.

Jana: Aber der Sklavenhandel im Indischen Ozean war auch extrem brutal und rassistisch geprägt. Viele afrikanische Sklaven wurden als minderwertig betrachtet, und sie wurden oft kastriert, um keine Nachkommen zu hinterlassen. Die Opferzahlen sind gigantisch, und die kulturellen und sozialen Folgen waren immens. Warum wird darüber so wenig gesprochen? Es gibt auch heute noch Spuren dieses Handels, besonders in Ostafrika und auf der Arabischen Halbinsel.

Jana: But the Indian Ocean slave trade was also extremely brutal and racially charged. Many African slaves were considered inferior, and they were often castrated to prevent them from having descendants. The number of victims is enormous, and the cultural and social consequences were immense. Why is this so rarely discussed? There are still traces of this trade today, especially in East Africa and the Arabian Peninsula.

Stefan: Vielleicht wird darüber weniger gesprochen, weil die muslimischen Gesellschaften, die daran beteiligt waren, keine so langfristigen und systematischen rassistischen Strukturen geschaffen haben wie die europäischen Kolonialmächte. Es ist kein Zufall, dass der heutige Rassismus besonders in westlichen Gesellschaften tief verwurzelt ist. Der transatlantische Handel hat den Mythos der weißen Überlegenheit zementiert, und das hat bis heute Konsequenzen.

Stefan: Maybe it's spoken about less because the Muslim societies involved didn't create such long-lasting and systematic racist structures like the European colonial powers did. It's no coincidence that today's racism is especially deeply rooted in Western societies. The transatlantic trade cemented the myth of white superiority, and that still has consequences today.

Jana: Ich stimme zu, dass der transatlantische Sklavenhandel viele der heutigen Probleme mit Rassismus ausgelöst hat, aber das bedeutet nicht, dass der Sklavenhandel im Indischen Ozean weniger schlimm war. Auch dort wurden Menschen systematisch versklavt, und viele starben während der langen Reisen über das Meer. Die Tatsache, dass es weniger überlebt haben und keine Nachfahren da sind, die ihre Geschichte erzählen können, macht es nicht weniger wichtig.

Jana: I agree that the transatlantic slave trade triggered many of today's issues with racism, but that doesn't mean the Indian Ocean slave trade was any less horrific. People were systematically enslaved there too, and many died during the long journeys across the sea. The fact that fewer survived and that there are no descendants to tell their stories doesn't make it any less important.

Stefan: Klar, es ist wichtig, diese Geschichte zu erzählen, aber wir dürfen nicht vergessen, dass der Sklavenhandel im Indischen Ozean eine andere Dynamik hatte. Es gab keine rassistische Ideologie, die mit der gleichen Brutalität wie im Westen institutionalisiert wurde. Natürlich war es schrecklich, aber der transatlantische Handel hat die Welt in einer Weise verändert, wie es der Indische Ozean nicht getan hat.

Stefan: Sure, it's important to tell this history, but we mustn't forget that the Indian Ocean slave trade had a different dynamic. There wasn't a racist ideology institutionalized with the same brutality as in the West. Of course, it was horrific, but the transatlantic trade changed the world in ways the Indian Ocean trade didn't.

Jana: Ich verstehe deinen Punkt, aber ich denke, du unterschätzt den Einfluss dieses Handels. Länder wie Oman, Sansibar und Teile von Indien waren tief in den Sklavenhandel verstrickt, und auch dort haben die Menschen gelitten. Es gibt Berichte von afrikanischen Gemeinschaften, die völlig zerstört wurden, weil sie ständig Überfällen durch Sklavenhändler ausgesetzt waren. Das hat tiefe Wunden in diesen Regionen hinterlassen, und wir dürfen nicht so tun, als ob das keine Rolle spielt.

Jana: I understand your point, but I think you underestimate the impact of this trade. Countries like Oman, Zanzibar, and parts of India were deeply involved in the slave trade, and people there also suffered. There are reports of African communities that were completely destroyed because they were constantly raided by slave traders. This left deep scars in these regions, and we shouldn't pretend that this doesn't matter.

Stefan: Natürlich spielt es eine Rolle, aber der Unterschied ist, dass die europäische Sklaverei auf der Grundlage einer Ideologie der Überlegenheit beruhte, die bis heute nachwirkt. Der Sklavenhandel im Indischen Ozean war weniger ideologisch und mehr pragmatisch. Es war eine brutale wirtschaftliche Praxis, aber es gibt keine direkte ideologische Verbindung zum heutigen Rassismus.

Stefan: Of course it matters, but the difference is that European slavery was based on an ideology of superiority that still lingers today. The slave trade in the Indian Ocean was less ideological and more pragmatic. It was a brutal economic practice, but there's no direct ideological connection to today's racism.

Jana: Aber das bedeutet doch nicht, dass das Leid weniger bedeutend war. Die Brutalität war real, und die Menschen, die versklavt wurden, erlebten unglaubliches Leid. Viele wurden nie befreit und hatten keine Hoffnung auf ein besseres Leben. Diese Menschen verdienen genauso, dass ihre Geschichten erzählt werden, wie die Opfer des transatlantischen Handels.

Jana: But that doesn't mean the suffering was any less significant. The brutality was real, and the people who were enslaved experienced incredible pain. Many were never freed and had no hope for a better life. These people deserve to have their stories told just as much as the victims of the transatlantic trade.

Stefan: Ja, aber wir müssen uns auch fragen, wie relevant das heute noch ist. Die Sklaverei im Indischen Ozean hat keine sichtbaren Narben hinterlassen, die in der modernen Welt so tief reichen wie die des transatlantischen Handels. Viele der sozialen und wirtschaftlichen Ungleichheiten, die wir heute sehen, stammen direkt aus der Kolonialzeit und dem transatlantischen Sklavenhandel. Das ist der Hauptgrund, warum dieser Aspekt der Geschichte so im Vordergrund steht.

Stefan: Yes, but we also have to ask how relevant that still is today. Slavery in the Indian Ocean didn't leave visible scars that run as deep in the modern world as those from the transatlantic trade.

Many of the social and economic inequalities we see today stem directly from the colonial era and the transatlantic slave trade. That's the main reason why this aspect of history is so prominent.

Jana: Aber es gibt heute immer noch Regionen, in denen die Nachwirkungen des Sklavenhandels im Indischen Ozean spürbar sind. In Teilen Afrikas und des Nahen Ostens gibt es immer noch Diskriminierung gegenüber Menschen mit afrikanischem Hintergrund, und das hat seinen Ursprung in der Sklaverei. Es ist nicht so, dass diese Geschichte keine Spuren hinterlassen hat – sie wird nur nicht so prominent thematisiert.

Jana: But there are still regions today where the aftermath of the Indian Ocean slave trade is felt. In parts of Africa and the Middle East, there is still discrimination against people of African descent, and that originates in the slave trade. It's not that this history didn't leave a mark—it's just not as prominently discussed.

Stefan: Vielleicht liegt das daran, dass die islamische Welt diesen Teil ihrer Geschichte weniger stark aufgearbeitet hat als die westlichen Länder. Der transatlantische Sklavenhandel wird in Europa und den USA offen thematisiert, während der Sklavenhandel im Indischen Ozean oft verschwiegen wird. Das ändert aber nichts daran, dass die globalen Auswirkungen des transatlantischen Handels viel größer waren.

Stefan: Maybe that's because the Islamic world hasn't confronted this part of its history as thoroughly as Western countries have. The transatlantic slave trade is openly discussed in Europe and the U.S., while the Indian Ocean slave trade is often overlooked. But that doesn't change the fact that the global impact of the transatlantic trade was much greater.

Jana: Ich finde, dass beide Aspekte der Geschichte gleich wichtig sind. Es ist nicht fair, die eine Form der Sklaverei als weniger relevant zu betrachten, nur weil sie weniger bekannt ist. Die Menschen, die im Indischen Ozean versklavt wurden, haben genauso gelitten, und ihre Geschichten verdienen es, gehört zu werden. Wir müssen sicherstellen, dass alle Opfer der Sklaverei, egal woher sie kamen, gewürdigt werden.

Jana: I believe both aspects of history are equally important. It's not fair to consider one form of slavery less relevant just because it's less known. The people enslaved in the Indian Ocean suffered just as much, and their stories deserve to be heard. We must ensure that all victims of slavery, no matter where they came from, are acknowledged.

Stefan: Natürlich sollten sie gewürdigt werden, aber der Fokus liegt heute auf den Lehren, die wir aus der Geschichte für die heutige Welt ziehen können. Und da hat der transatlantische Handel einfach mehr Relevanz. Rassismus, wirtschaftliche Ungleichheit und die strukturellen Folgen der Kolonialzeit sind immer noch zentrale Probleme, mit denen wir uns auseinandersetzen müssen.

Stefan: Of course, they should be acknowledged, but today the focus is on the lessons we can draw from history for the present world. And there, the transatlantic trade is simply more relevant. Racism, economic inequality, and the structural consequences of the colonial era are still central issues we have to deal with.

Jana: Aber vielleicht hilft uns das Verständnis des Sklavenhandels im Indischen Ozean, besser zu verstehen, wie globale Ausbeutungssysteme funktionieren und welche unterschiedlichen Formen sie annehmen können. Es ist ein Teil der Geschichte, der oft übersehen wird, aber es könnte uns helfen, moderne Formen von Sklaverei und Menschenhandel besser zu erkennen und zu bekämpfen.

Jana: But perhaps understanding the Indian Ocean slave trade will help us better understand how global exploitation systems work and the different forms they can take. It's a part of history that's often overlooked, but it could help us recognize and combat modern forms of slavery and human trafficking.

Stefan: Das könnte sein, aber ich denke, der Fokus auf den transatlantischen Handel ist deswegen so stark, weil er so tief mit den gegenwärtigen globalen Machtstrukturen verknüpft ist. Wir müssen uns darauf konzentrieren, diese Strukturen zu verändern, um Rassismus und Ungleichheit abzubauen.

Stefan: That could be, but I think the focus on the transatlantic trade is so strong because it's so deeply tied to present-day global power structures. We need to concentrate on changing these structures to reduce racism and inequality.

Jana: Das eine schließt das andere nicht aus. Beide Teile der Geschichte sollten intensiv aufgearbeitet werden, und beide können uns helfen, die heutigen Herausforderungen zu bewältigen. Nur wenn wir alle Formen der Sklaverei und ihre Auswirkungen verstehen, können wir wirklich daraus lernen und sicherstellen, dass solche Verbrechen nie wieder passieren.

Jana: One doesn't exclude the other. Both parts of history should be thoroughly examined, and both can help us tackle today's challenges. Only by understanding all forms of slavery and their impacts can we truly learn from them and ensure such crimes never happen again.

Stefan: Da stimme ich dir zu. Es geht darum, die ganze Geschichte zu verstehen, nicht nur einen Teil davon. Aber wir müssen auch sicherstellen, dass wir uns auf die Bereiche konzentrieren, die die größten Auswirkungen auf unsere heutige Welt haben.

Stefan: I agree with you. It's about understanding the whole history, not just part of it. But we also need to make sure we focus on the areas that have the greatest impact on our world today.

Jana: Absolut. Und das bedeutet, dass wir die Geschichte des Sklavenhandels im Indischen Ozean genauso ernst nehmen müssen

Jana: Absolutely. And that means taking the history of the Indian Ocean slave trade just as seriously as the transatlantic trade. Only then can we achieve a comprehensive and fair account of history.

Sklaverei und Abolitionismus: Die Rolle Großbritanniens und westlicher Länder bei der Beendigung des globalen Sklavenhandels

Mia (Pro Großbritannien und Abolitionismus): Ich finde, Großbritannien und die westlichen Länder verdienen Anerkennung dafür, dass sie eine führende Rolle bei der Abschaffung des Sklavenhandels gespielt haben, Lukas. Was viele nicht wissen, ist, dass es für Großbritannien kein wirtschaftlicher Vorteil war, die Sklaverei abzuschaffen. Im Gegenteil, die Royal Navy hat immense Kosten getragen, um den Sklavenhandel zu bekämpfen. Länder wie Saudi-Arabien hielten jedoch bis in die 1960er Jahre an der Sklaverei fest, während Großbritannien bereits seit dem 19. Jahrhundert gegen diese Praktiken kämpfte.

Mia (Pro Britain and abolitionism): I think Britain and the Western countries deserve recognition for playing a leading role in the abolition of the slave trade, Lukas. What many don't know is that it wasn't economically advantageous for Britain to abolish slavery. On the contrary, the Royal Navy bore immense costs to fight the slave trade. Countries like Saudi Arabia held on to slavery until the 1960s, while Britain had already been fighting these practices since the 19th century.

Lukas (Kritisch gegenüber der westlichen Rolle): Ja, Mia, aber wir dürfen nicht vergessen, dass es genau diese Länder waren, die den Sklavenhandel überhaupt erst groß gemacht haben. Die Briten haben jahrhundertelang von der Ausbeutung der Afrikaner profitiert. Der Abolitionismus kam viel zu spät, nachdem sie sich bereits die Taschen vollgemacht hatten. Außerdem waren die Europäer direkt verantwortlich für die Versklavung von Millionen von Afrikanern.

Lukas (Critical of the Western role): Yes, Mia, but we can't forget that it was precisely these countries that made the slave trade so big in the first place. The British profited from the exploitation of

Africans for centuries. Abolitionism came far too late, after they had already lined their pockets. Additionally, Europeans were directly responsible for the enslavement of millions of Africans.

Mia: Das ist nicht ganz richtig. Als die Europäer zum ersten Mal nach Afrika kamen, fanden sie bereits ein etabliertes System der Sklaverei vor, das von muslimischen Sklavenhändlern betrieben wurde und über 1000 Jahre anhielt. Der transatlantische Sklavenhandel war schrecklich, aber die Versklavung von Afrikanern durch muslimische Händler begann lange vorher. Europäische Sklavenhändler stießen auf ein bereits bestehendes System. Und was Großbritannien angeht: Die Abschaffung der Sklaverei hat dem Land wirtschaftlich nicht geholfen – es war ein moralischer Kampf, der enorme finanzielle Opfer gefordert hat.

Mia: That's not entirely true. When Europeans first arrived in Africa, they found an already established system of slavery run by Muslim slave traders that had been going on for over 1000 years. The transatlantic slave trade was horrific, but the enslavement of Africans by Muslim traders began long before. European slave traders encountered an already existing system. And as for Britain: the abolition of slavery didn't benefit the country economically— it was a moral fight that demanded enormous financial sacrifices.

Lukas: Ja, die Briten haben vielleicht später gegen den Sklavenhandel gekämpft, aber das ändert nichts an der Tatsache, dass sie zuvor stark davon profitiert haben. Sie waren eine der größten Mächte hinter dem transatlantischen Sklavenhandel. Erst als sich die Sklaverei für sie nicht mehr lohnte, begannen sie, dagegen vorzugehen. Es ist schwer, Großbritannien als moralisches Vorbild zu feiern, wenn sie den Handel erst dann beendeten, als es ihnen nicht mehr nützte.

Lukas: Yes, the British may have fought against the slave trade later, but that doesn't change the fact that they profited greatly from it before. They were one of the largest powers behind the transatlantic slave trade. It was only when slavery was no longer profitable for them that they began to oppose it. It's hard to celebrate Britain as a moral example when they only ended the trade once it was no longer useful to them.

Mia: Es ging aber nicht nur um wirtschaftliche Interessen. Die Royal Navy hat mehr als 17.000 Männer verloren, um den Sklavenhandel auf See zu bekämpfen. Zwischen 1808 und 1860 haben sie über 1.600 Sklavenschiffe gestoppt und 150.000 versklavte Afrikaner befreit. Das war keine leichte Aufgabe und auch kein wirtschaftlicher Gewinn – im Gegenteil, es kostete das Land viele Ressourcen. Es war ein moralischer Einsatz, um ein zutiefst ungerechtes System zu beenden.

Mia: But it wasn't just about economic interests. The Royal Navy lost more than 17,000 men fighting the slave trade at sea. Between 1808 and 1860, they stopped over 1,600 slave ships and freed 150,000 enslaved Africans. This was no easy task and certainly not an economic gain—on the contrary, it cost the country many resources. It was a moral effort to end a deeply unjust system.

Lukas: Aber sie haben sich erst nach Jahrhunderten des Profits entschieden, das zu tun. Es ist leicht, als moralischer Held dazustehen, nachdem man selbst von einem grausamen System profitiert hat. Und was die arabische Sklaverei angeht – ja, die gab es auch, aber es waren die Europäer, die Sklaverei in einem solchen Ausmaß industrialisiert und systematisch genutzt haben.

Lukas: But they only decided to do this after centuries of profit. It's easy to stand as a moral hero after benefiting from a cruel system yourself. And as for Arab slavery—yes, that existed too, but it was the Europeans who industrialized and systematized slavery on such a scale.

Mia: Sicher, der transatlantische Sklavenhandel war enorm, aber es ist wichtig, die gesamte Geschichte zu betrachten. Muslimische Sklavenhändler betrieben den Handel in Afrika schon lange vor den Europäern, und diese Versklavung dauerte bis weit ins 20.

Jahrhundert. Sogar 1962 gab es noch 300.000 Sklaven in Saudi-Arabien. Die Briten kämpften gegen dieses System im Indischen Ozean genauso wie gegen den transatlantischen Handel. Großbritannien hat einen echten Beitrag zur Abschaffung geleistet, auch wenn das wirtschaftlich keinen Vorteil brachte – im Gegenteil, es war ein teures Unterfangen.

Mia: Sure, the transatlantic slave trade was enormous, but it's important to look at the whole story. Muslim slave traders were operating in Africa long before the Europeans, and that enslavement continued well into the 20th century. Even in 1962, there were still 300,000 slaves in Saudi Arabia. The British fought against this system in the Indian Ocean just as they did against the transatlantic trade. Britain made a real contribution to abolition, even though it brought no economic advantage—on the contrary, it was a costly endeavor.

Lukas: Aber warum hat es so lange gedauert, bis sie gehandelt haben? Die westlichen Länder hatten die Macht, den Sklavenhandel viel früher zu beenden, aber sie taten es nicht. Der Abolitionismus kam erst, als die Sklaverei für sie keinen Gewinn mehr brachte. Es ist schwer, sie als moralische Vorbilder zu sehen, wenn man bedenkt, dass sie jahrhundertelang von der Ausbeutung Afrikas profitiert haben.

Lukas: But why did it take so long for them to act? The Western countries had the power to end the slave trade much earlier, but they didn't. Abolitionism only came when slavery no longer brought them profit. It's hard to see them as moral examples when you consider that they profited from Africa's exploitation for centuries.

Mia: Das stimmt, der Wandel war langsam, aber es war ein echter Wandel. Großbritannien hat enorme Ressourcen aufgewendet, um den Sklavenhandel zu bekämpfen, auch gegen den Widerstand anderer Mächte. Die Abolitionisten haben lange dafür gekämpft, die öffentliche Meinung zu verändern, und das war kein einfacher

Kampf. Dass es überhaupt gelungen ist, die Sklaverei zu beenden, ist ein moralischer Erfolg, der viele Leben gerettet hat.

Mia: That's true, the change was slow, but it was a real change. Britain invested enormous resources to fight the slave trade, even against the resistance of other powers. Abolitionists fought for a long time to change public opinion, and that was no easy battle. The fact that they succeeded in ending slavery at all is a moral victory that saved many lives.

Lukas: Aber das ändert nichts daran, dass Großbritannien und andere westliche Länder weiterhin Kolonialismus und wirtschaftliche Ausbeutung betrieben, selbst nachdem die Sklaverei abgeschafft wurde. Sie haben das System nicht vollständig beendet, sondern nur in eine andere Form der Ausbeutung überführt. Die wirtschaftliche Ungleichheit und der Rassismus, die wir heute sehen, sind direkte Folgen davon.

Lukas: But that doesn't change the fact that Britain and other Western countries continued to practice colonialism and economic exploitation even after slavery was abolished. They didn't end the system entirely but simply transformed it into another form of exploitation. The economic inequality and racism we see today are direct consequences of that.

Mia: Natürlich war die Sklaverei nur ein Teil eines größeren Systems der Ungerechtigkeit. Aber die Abschaffung der Sklaverei war der Beginn eines neuen moralischen Bewusstseins, das auch zu anderen Reformen geführt hat. Es ist wichtig, die Fortschritte anzuerkennen, die gemacht wurden, auch wenn es noch viel zu tun gab und gibt.

Mia: Of course, slavery was only part of a larger system of injustice. But the abolition of slavery was the beginning of a new moral consciousness that also led to other reforms. It's important to recognize the progress that was made, even though there was and still is much work to be done.

Lukas: Ja, Fortschritte wurden gemacht, aber wir sollten vorsichtig sein, die westlichen Länder für die Abschaffung zu glorifizieren. Sie haben jahrhundertelang an der Spitze der Ausbeutung gestanden, und viele der heutigen Probleme sind ein direktes Ergebnis ihrer früheren Taten. Es ist wichtig, die ganze Geschichte zu betrachten.

Lukas: Yes, progress was made, but we should be careful about glorifying the Western countries for abolition. They were at the forefront of exploitation for centuries, and many of today's problems are a direct result of their past actions. It's important to look at the whole story.

Mia: Genau, wir müssen die Vergangenheit in ihrer Komplexität verstehen. Aber wir sollten auch anerkennen, dass die Abschaffung der Sklaverei ein bedeutender Schritt in Richtung Gerechtigkeit war. Die Royal Navy kämpfte jahrzehntelang, um den globalen Sklavenhandel zu beenden – das war kein wirtschaftlicher Vorteil für Großbritannien, sondern ein moralischer Triumph, der Millionen von Menschen das Leben rettete.

Mia: Exactly, we need to understand the past in all its complexity. But we should also acknowledge that the abolition of slavery was a significant step toward justice. The Royal Navy fought for decades to end the global slave trade—this wasn't a financial gain for Britain but a moral triumph that saved millions of lives.

Lukas: Es war ein Schritt in die richtige Richtung, aber wir dürfen nicht vergessen, dass die westlichen Länder diesen Schaden erst angerichtet haben. Die Sklaverei war nur eine von vielen Formen der Ausbeutung, und der Kampf für Gerechtigkeit ist noch lange nicht vorbei.

Lukas: It was a step in the right direction, but we mustn't forget that the Western countries were the ones who caused this harm in the first place. Slavery was just one of many forms of exploitation, and the fight for justice is far from over.

Mia: Da stimme ich zu. Die Abschaffung war nur der Anfang. Es ist wichtig, dass wir die Fortschritte feiern, aber auch weiter für eine gerechtere Zukunft kämpfen, in der solche Ungerechtigkeiten nicht mehr vorkommen. Aber wir können nicht leugnen, dass die Abolitionisten und Großbritannien einen entscheidenden Beitrag geleistet haben, selbst wenn der Weg dorthin lang und schwierig war.

Mia: I agree. Abolition was just the beginning. It's important to celebrate the progress made, but also to keep fighting for a fairer future where such injustices no longer occur. But we can't deny that the abolitionists and Britain made a significant contribution, even if the path there was long and difficult.

Einwanderung vs. nationale Sicherheit: Wie lassen sich offene Grenzen und Sicherheitsbedenken in Einklang bringen?

Anna (Pro offene Grenzen): Ich finde, wir müssen viel offener für Einwanderung sein, Markus. Menschen haben das Recht, ein besseres Leben zu suchen, und wir sollten ihnen die Möglichkeit geben, in unser Land zu kommen. Offene Grenzen bedeuten mehr Chancen für alle und fördern kulturellen Austausch und wirtschaftliches Wachstum.

Anna (Pro open borders): I think we need to be much more open to immigration, Markus. People have the right to seek a better life, and we should give them the opportunity to come to our country. Open borders mean more opportunities for everyone and promote cultural exchange and economic growth.

Markus (Pro nationale Sicherheit): Natürlich sollten wir Menschen helfen, Anna, aber wir dürfen dabei nicht die Sicherheit unseres Landes gefährden. Offene Grenzen ohne Kontrolle führen zu Chaos. Es gibt viele Gefahren, wenn wir einfach jeden hereinlassen. Terrorismus, Kriminalität, illegale Einwanderung – das sind reale Bedrohungen, die wir nicht ignorieren können.

Markus (Pro national security): Of course, we should help people, Anna, but we must not jeopardize the security of our country. Open borders without control lead to chaos. There are many dangers if we just let everyone in. Terrorism, crime, illegal immigration— these are real threats that we cannot ignore.

Anna: Ich stimme dir zu, dass Sicherheit wichtig ist, aber wir dürfen nicht vergessen, dass die meisten Menschen, die einwandern, friedlich sind und nur ein besseres Leben wollen. Die Vorstellung, dass Einwanderung automatisch zu mehr Kriminalität führt, ist schlichtweg falsch. Außerdem gibt es genug Möglichkeiten, Einwanderung zu regulieren, ohne dabei Menschen auszuschließen.

Anna: I agree that security is important, but we mustn't forget that most people who immigrate are peaceful and simply want a better life. The idea that immigration automatically leads to more crime is simply wrong. Also, there are plenty of ways to regulate immigration without excluding people.

Markus: Aber wie regulieren wir das effektiv, ohne unsere Sicherheit zu gefährden? Es ist naiv zu glauben, dass alle Menschen, die einwandern, nur das Beste für unser Land wollen. Es gibt immer einige, die das System ausnutzen oder sogar gefährliche Absichten haben. Deshalb brauchen wir strenge Kontrollen und klare Regeln für Einwanderung.

Markus: But how do we regulate it effectively without compromising our security? It's naive to think that all people who immigrate only want the best for our country. There will always be some who exploit the system or even have dangerous intentions. That's why we need strict controls and clear rules for immigration.

Anna: Strenge Kontrollen, ja, aber wir sollten auch menschlich bleiben. Es gibt viele Menschen, die aus Kriegsgebieten fliehen oder in ihren Heimatländern verfolgt werden. Ihnen die Tür zu verschließen, nur weil ein paar Leute das System ausnutzen könnten, ist doch keine Lösung. Wir müssen Wege finden, die wirklich Bedürftigen zu unterstützen, ohne die Sicherheit zu gefährden.

Anna: Strict controls, yes, but we should also remain humane. There are many people fleeing war zones or being persecuted in their home countries. Shutting the door on them just because a few might exploit the system isn't the solution. We need to find ways to support those who are truly in need without compromising security.

Markus: Aber wie unterscheiden wir, wer wirklich Hilfe braucht und wer das System ausnutzt? Das ist genau das Problem. Es gibt so viele Menschen, die versuchen, in unser Land zu kommen, dass wir nicht jeden einzelnen Fall genau prüfen können. Und dann kommen Leute rein, die vielleicht eine Bedrohung darstellen. Es reicht ein einziger Terroranschlag, um das Vertrauen der Bevölkerung in das System zu zerstören.

Markus: But how do we distinguish who really needs help and who's exploiting the system? That's exactly the problem. There are so many people trying to enter our country that we can't thoroughly vet every single case. And then people come in who might be a threat. One single terrorist attack is enough to destroy public trust in the system.

Anna: Das stimmt, aber wir dürfen nicht in Angst leben. Wenn wir uns von der Angst leiten lassen, verengen wir unsere Gesellschaft und verlieren den Sinn für Solidarität. Wir haben in der Vergangenheit bewiesen, dass wir in der Lage sind, Einwanderung zu managen und gleichzeitig sicher zu bleiben. Eine Politik der Angst führt nur zu mehr Misstrauen und Spaltung.

Anna: That's true, but we can't live in fear. If we let fear guide us, we narrow our society and lose our sense of solidarity. In the past, we've proven that we can manage immigration while staying secure. A politics of fear only leads to more mistrust and division.

Markus: Es geht nicht nur um Angst, sondern um Prävention. Wir müssen dafür sorgen, dass die Menschen, die zu uns kommen, unsere Werte teilen und sich integrieren wollen. Ohne diese Sicherheit setzen wir unser gesamtes System aufs Spiel. Wir können keine offene Gesellschaft sein, wenn wir nicht sicherstellen, dass unsere Grundwerte geschützt werden.

Markus: It's not just about fear, but about prevention. We need to ensure that the people who come to us share our values and want to integrate. Without that security, we put our entire system at risk. We can't be an open society if we don't ensure that our core values are protected.

Anna: But integration doesn't work through exclusion. If we view people as potential threats instead of giving them the chance to become part of our society, we create the very problems we're trying to prevent. Open borders don't automatically mean less security—it's about how we integrate these people into our society.

Markus: Und genau da liegt der Haken. Es ist nicht so einfach, Millionen von Menschen aufzunehmen und gleichzeitig zu garantieren, dass unsere Sicherheitsstandards eingehalten werden. Viele Einwanderungssysteme sind überlastet, und oft wird nicht gründlich geprüft, wer ins Land kommt. Das ist ein großes Risiko, und die Bevölkerung hat ein Recht darauf, dass ihre Sicherheit an erster Stelle steht.

Markus: And that's the catch. It's not that simple to take in millions of people while guaranteeing that our security standards are upheld. Many immigration systems are overwhelmed, and often people aren't properly vetted when they enter the country. That's a big risk, and the public has a right to demand that their security comes first.

Anna: Aber was ist mit den Menschenrechten? Jeder Mensch hat das Recht auf ein sicheres Leben, und viele dieser Menschen haben keine andere Wahl, als zu fliehen. Wir können nicht einfach sagen, dass unsere Sicherheit wichtiger ist als ihr Überleben. Es geht um eine Balance, und ich glaube, dass wir als reiche Gesellschaft in der Lage sind, diese Balance zu finden, ohne uns abzuschotten.

Anna: But what about human rights? Every person has the right to a safe life, and many of these people have no choice but to flee. We can't simply say that our security is more important than their survival. It's about balance, and I believe that as a wealthy society, we are capable of finding this balance without shutting ourselves off.

Markus: Ich verstehe deinen Punkt, aber wir müssen realistisch sein. In einer Welt voller Unsicherheiten können wir es uns nicht leisten, die Kontrolle über unsere Grenzen zu verlieren. Offene Grenzen klingen gut, aber sie bringen viele Risiken mit sich. Es gibt einen Grund, warum jedes Land Grenzen hat – sie dienen dazu, die Sicherheit und Stabilität zu wahren.

Markus: I understand your point, but we need to be realistic. In a world full of uncertainties, we can't afford to lose control of our borders. Open borders sound good, but they bring many risks with them. There's a reason why every country has borders—they serve to maintain security and stability.

Anna: Grenzen sind wichtig, aber sie dürfen nicht zu Mauern werden, die Menschen daran hindern, ein besseres Leben zu suchen. Wenn wir unsere Grenzen zu fest verschließen, schaden wir uns selbst. Einwanderung bringt neue Ideen, Innovationen und wirtschaftliche Vorteile. Die Menschen, die zu uns kommen, wollen Teil unserer Gesellschaft sein und etwas beitragen.

Anna: Borders are important, but they shouldn't become walls that prevent people from seeking a better life. If we close our borders too tightly, we harm ourselves. Immigration brings new ideas, innovation, and economic benefits. The people who come to us want to be part of our society and contribute.

Markus: Aber das funktioniert nur, wenn die Einwanderung kontrolliert und in einem vernünftigen Maß erfolgt. Zu viele Menschen auf einmal können unser System überlasten – Schulen, Krankenhäuser, Arbeitsmarkt. Es gibt nur begrenzte Ressourcen, und wenn wir nicht aufpassen, gefährden wir unsere soziale Stabilität. Außerdem haben wir eine Verantwortung gegenüber unseren eigenen Bürgern, ihnen Sicherheit und Wohlstand zu garantieren.

Markus: But that only works if immigration is controlled and happens in a reasonable measure. Too many people at once can overwhelm our system—schools, hospitals, the job market. There are only limited resources, and if we're not careful, we jeopardize our social stability. We also have a responsibility to our own citizens, to guarantee them security and prosperity.

Anna: Ich stimme dir zu, dass es eine klare Regulierung braucht, aber wir sollten nicht in Extremen denken. Offene Grenzen bedeuten nicht, dass wir keine Kontrolle haben. Es gibt genug Möglichkeiten, Einwanderung zu steuern, ohne dabei die Menschenwürde zu verletzen oder uns in eine Festung zu verwandeln.

Anna: I agree that clear regulation is needed, but we shouldn't think in extremes. Open borders don't mean that we have no control. There are enough ways to manage immigration without violating human dignity or turning ourselves into a fortress.

Markus: Vielleicht, aber ich glaube, wir sollten eher auf Nummer sicher gehen. Die Welt ist nicht mehr so sicher wie früher, und wir müssen unsere Prioritäten setzen. Unsere erste Aufgabe ist es, unsere eigenen Bürger zu schützen. Wenn das bedeutet, dass wir die Grenzen strenger kontrollieren müssen, dann ist das ein Preis, den wir zahlen müssen.

Markus: Maybe, but I think we should err on the side of caution. The world isn't as safe as it used to be, and we need to set our priorities. Our first duty is to protect our own citizens. If that means we have to control our borders more strictly, then that's a price we have to pay.

Anna: Und ich glaube, dass wir beides tun können – Menschen helfen und gleichzeitig sicher bleiben. Es erfordert mehr Kreativität und vielleicht auch mehr Ressourcen, aber es ist möglich. Wir dürfen nicht vergessen, dass Einwanderung schon immer ein Teil der Menschheitsgeschichte war und dass wir als Gesellschaft davon profitieren können.

Anna: And I believe we can do both—help people and stay safe at the same time. It requires more creativity and perhaps more resources, but it's possible. We mustn't forget that immigration has always been a part of human history and that we, as a society, can benefit from it.

Markus: Vielleicht. Aber ich denke, dass wir in Zeiten wie diesen vorsichtig sein müssen. Sicherheit darf nicht leichtfertig aufs Spiel gesetzt werden, nur weil wir ideologisch an offenen Grenzen festhalten. Es geht nicht darum, Menschen abzuweisen, sondern darum, sicherzustellen, dass die Einwanderung in geordneten Bahnen verläuft.

Markus: Maybe. But I think that in times like these, we need to be cautious. Security shouldn't be risked lightly just because we're ideologically committed to open borders. It's not about turning people away, but about ensuring that immigration happens in an orderly way.

Anna: Das ist der Schlüssel – geordnete Bahnen. Aber Ordnung und Menschlichkeit müssen Hand in Hand gehen. Wir können sicher sein, ohne Mauern zu bauen, und wir können Menschen helfen, ohne unsere Werte zu gefährden. Es ist eine Herausforderung, aber ich bin überzeugt, dass wir das schaffen können.

Anna: That's the key—orderly pathways. But order and humanity must go hand in hand. We can be secure without building walls, and we can help people without jeopardizing our values. It's a challenge, but I'm convinced we can achieve it.

Markus: Ich hoffe, dass du recht hast. Aber wir müssen wachsam bleiben und dürfen uns nicht in falscher Sicherheit wiegen. Die

Balance zwischen Sicherheit und Offenheit zu finden, ist wohl die größte Herausforderung unserer Zeit.

Markus: I hope you're right. But we need to stay vigilant and not lull ourselves into a false sense of security. Finding the balance between security and openness is probably the greatest challenge of our time.

Anna: Da stimme ich dir zu. Aber genau deshalb dürfen wir uns nicht von Angst leiten lassen, sondern müssen mit klarem Kopf und offenem Herzen vorgehen.

Anna: I agree with you. But that's exactly why we can't let fear guide us—we need to move forward with a clear mind and an open heart.

Verantwortung für den Klimawandel: Sollten Entwicklungsländer die gleiche Verantwortung tragen wie Industrieländer?

Sarah (Pro gleiche Verantwortung): Ich finde, dass Entwicklungsländer genauso viel Verantwortung im Kampf gegen den Klimawandel tragen sollten wie Industrieländer, Lukas. Jeder muss seinen Beitrag leisten, um den Planeten zu schützen. Es macht keinen Sinn, nur die reichen Länder zur Verantwortung zu ziehen, während andere weiter auf fossile Brennstoffe setzen.

Sarah (Pro equal responsibility): I believe that developing countries should bear as much responsibility in the fight against climate change as industrialized nations, Lukas. Everyone must do their part to protect the planet. It doesn't make sense to hold only wealthy countries accountable while others continue relying on fossil fuels.

Lukas (Pro differenzierte Verantwortung): Das sehe ich anders, Sarah. Entwicklungsländer haben jahrzehntelang kaum zur globalen Erwärmung beigetragen, während die Industrieländer Unmengen an CO_2 ausgestoßen haben. Es ist unfair, von ärmeren Ländern zu verlangen, die gleiche Last zu tragen, wenn sie erst jetzt anfangen, ihre Wirtschaft zu entwickeln.

Lukas (Pro differentiated responsibility): I see it differently, Sarah. Developing countries have barely contributed to global warming for decades, while industrialized countries have emitted massive amounts of CO_2. It's unfair to ask poorer nations to bear the same burden when they are only now beginning to develop their economies.

Sarah: Das mag stimmen, aber der Klimawandel betrifft uns alle. Wenn Entwicklungsländer nicht anfangen, ihre Emissionen zu reduzieren, wird das globale Ziel von maximal 1,5 Grad Erwärmung nie erreicht. Jeder einzelne Staat muss jetzt handeln, egal wie viel er in der Vergangenheit beigetragen hat. Wir haben keine Zeit mehr, die Verantwortung zu schieben.

Sarah: That may be true, but climate change affects all of us. If developing countries don't start reducing their emissions, the global goal of limiting warming to 1.5 degrees will never be reached. Every single country must act now, regardless of how much they contributed in the past. We don't have time to shift responsibility.

Lukas: Aber Entwicklungsländer brauchen fossile Brennstoffe, um ihre Wirtschaft aufzubauen. Sie können sich keine teuren erneuerbaren Energien leisten, wie es die Industrieländer können. Außerdem haben diese Länder ein Recht auf Entwicklung. Warum sollten sie auf Wohlstand verzichten, den die westlichen Länder schon längst erreicht haben?

Lukas: But developing countries need fossil fuels to build their economies. They can't afford expensive renewable energy like industrialized countries can. Moreover, these nations have a right to development. Why should they forgo prosperity that Western countries have already achieved?

Sarah: Niemand sagt, dass sie auf Entwicklung verzichten sollen. Aber sie können trotzdem nachhaltig wachsen. Es gibt heute so viele Technologien, die saubere Energie liefern können, oft sogar günstiger als fossile Brennstoffe. Anstatt weiter auf Kohle und Öl zu setzen, sollten Entwicklungsländer die Chance nutzen, von Anfang an auf grüne Technologien umzusteigen.

Sarah: No one is saying they should forgo development. But they can still grow sustainably. There are so many technologies today that provide clean energy, often even cheaper than fossil fuels. Instead of continuing to rely on coal and oil, developing countries should seize the opportunity to shift to green technologies from the start.

Lukas: Das ist leichter gesagt als getan. Viele dieser Länder haben nicht die finanziellen Mittel, um sofort auf erneuerbare Energien umzustellen. Die Industrieländer haben den Großteil der fossilen Brennstoffe verbrannt, um reich zu werden, und jetzt sollen die ärmeren Länder auf diesen Weg verzichten? Das ist nicht gerecht. Die reichen Länder sollten mehr finanzielle Unterstützung leisten, wenn sie wollen, dass Entwicklungsländer nachhaltig wachsen.

Lukas: That's easier said than done. Many of these countries don't have the financial means to immediately switch to renewable energy. Industrialized nations burned most of the fossil fuels to become rich, and now poorer countries are being told to forgo that path? That's not fair. Wealthy nations should provide more financial support if they want developing countries to grow sustainably.

Sarah: Das stimmt, die reichen Länder haben eine besondere Verantwortung und sollten mehr finanzielle Mittel bereitstellen, um den Übergang zu erleichtern. Aber das bedeutet nicht, dass Entwicklungsländer einfach weitermachen können wie bisher. Es geht nicht nur um die Vergangenheit, sondern darum, wie wir die Zukunft gestalten. Alle müssen ihren Teil beitragen, sonst sind die Folgen für alle verheerend.

Sarah: That's true, wealthy countries have a special responsibility and should provide more funding to ease the transition. But that doesn't mean developing countries can just continue as before. It's not only about the past but how we shape the future. Everyone must do their part, or the consequences will be devastating for all.

Lukas: Aber für viele Entwicklungsländer ist der Kampf gegen den Klimawandel nicht die Priorität. Sie kämpfen mit Armut, Hunger und fehlender Infrastruktur. Sollten sie wirklich den gleichen Druck verspüren, ihre Emissionen zu senken, wie Länder, die bereits alles haben? Für sie geht es ums Überleben, nicht um den Luxus, auf teure grüne Technologien umzusteigen.

Lukas: But for many developing countries, fighting climate change isn't the priority. They're dealing with poverty, hunger, and a lack of infrastructure. Should they really feel the same pressure to reduce emissions as countries that already have everything? For them, it's about survival, not the luxury of switching to expensive green technologies.

Sarah: Ich verstehe, dass Entwicklungsländer mit vielen Herausforderungen kämpfen, aber der Klimawandel verschärft viele dieser Probleme noch. Dürren, Überschwemmungen, steigende Meeresspiegel – all das trifft Entwicklungsländer oft härter als die Industrieländer. Deshalb ist es umso wichtiger, dass sie frühzeitig auf nachhaltige Lösungen setzen, um ihre Zukunft zu sichern.

Sarah: I understand that developing countries face many challenges, but climate change only exacerbates many of these problems. Droughts, floods, rising sea levels—these often hit developing countries harder than industrialized nations. That's why it's all the more important that they adopt sustainable solutions early to secure their future.

Lukas: Aber das Hauptproblem ist, dass die Industrieländer nicht genug tun, um Entwicklungsländer bei dieser Umstellung zu unterstützen. Es werden zwar Versprechungen gemacht, aber oft fließt das Geld nicht oder es ist an Bedingungen geknüpft, die es für diese Länder schwer machen, wirklich zu profitieren. Anstatt von Entwicklungsländern zu verlangen, die gleiche Verantwortung zu tragen, sollten die reichen Länder mehr tun, um ihnen zu helfen.

Lukas: But the main problem is that industrialized countries aren't doing enough to support developing countries in this transition. Promises are made, but often the money doesn't flow or it's tied to conditions that make it difficult for these countries to truly benefit. Instead of asking developing countries to bear the same responsibility, rich countries should do more to help them.

Sarah: Absolut, da stimme ich dir zu. Es braucht mehr finanzielle und technologische Unterstützung von den Industrieländern. Aber gleichzeitig dürfen wir nicht vergessen, dass auch Entwicklungsländer eine Verantwortung haben. Sie sollten nicht darauf warten, dass alle Probleme gelöst werden, bevor sie handeln. Der Klimawandel wartet nicht, und jede Verzögerung macht es nur schwieriger.

Sarah: Absolutely, I agree with you. More financial and technological support is needed from industrialized countries. But at the same time, we mustn't forget that developing countries also have a responsibility. They shouldn't wait for all the problems to be solved before acting. Climate change doesn't wait, and every delay only makes it harder.

Lukas: Doch wenn wir den Entwicklungsländern zu viel Druck machen, riskieren wir, ihre wirtschaftliche Entwicklung zu bremsen. Das führt dann zu noch größeren Ungleichheiten zwischen Nord und Süd. Wir müssen die Industrieländer mehr in die Pflicht nehmen und Entwicklungsländer dabei unterstützen, ihre Emissionen zu senken, aber ohne sie zu überfordern.

Lukas: But if we put too much pressure on developing countries, we risk slowing their economic development. This would lead to even greater inequalities between the North and the South. We need to hold industrialized nations more accountable and support developing countries in reducing their emissions, but without overwhelming them.

Sarah: Ich verstehe deinen Punkt, aber wenn Entwicklungsländer jetzt nicht handeln, werden sie langfristig die Hauptleidtragenden des Klimawandels sein. Es geht nicht darum, sie zu überfordern, sondern darum, gemeinsam eine Lösung zu finden. Industrieländer müssen mehr tun, ja, aber Entwicklungsländer sollten die Gelegenheit nutzen, nachhaltiger zu wachsen, bevor sie denselben Fehler wie die westlichen Länder machen.

Sarah: I understand your point, but if developing countries don't act now, they will be the main victims of climate change in the long run. It's not about overwhelming them, but about finding a solution together. Yes, industrialized countries need to do more, but developing nations should seize the opportunity to grow more sustainably before they make the same mistakes as Western countries.

Lukas: Aber was, wenn diese „nachhaltigen" Lösungen für sie einfach nicht praktikabel sind? Viele Entwicklungsländer sind stark von fossilen Brennstoffen abhängig, um ihre Energieversorgung sicherzustellen. Wir können nicht einfach davon ausgehen, dass alle auf erneuerbare Energien umsteigen können, nur weil es in Europa oder Nordamerika möglich ist.

Lukas: But what if these "sustainable" solutions just aren't practical for them? Many developing countries heavily depend on fossil fuels to ensure their energy supply. We can't just assume that everyone can switch to renewable energy because it's possible in Europe or North America.

Sarah: Das ist klar, aber es gibt auch viele innovative Lösungen, die speziell auf die Bedürfnisse von Entwicklungsländern zugeschnitten sind. Zum Beispiel Solarenergie in Afrika oder Geothermie in Ländern mit vulkanischer Aktivität. Es geht darum, die richtigen Lösungen für die jeweilige Region zu finden und nicht einfach westliche Modelle zu kopieren.

Sarah: That's true, but there are also many innovative solutions tailored specifically to the needs of developing countries. For example, solar energy in Africa or geothermal energy in countries with volcanic activity. It's about finding the right solutions for each region, not just copying Western models.

Lukas: Aber dafür braucht es massive Investitionen, die diese Länder alleine nicht stemmen können. Und oft scheitern solche Projekte an Korruption, mangelnder Infrastruktur oder politischer

Instabilität. Die Industrieländer müssen endlich ihre Versprechen einlösen und mehr in die Entwicklungshilfe investieren, anstatt von den Entwicklungsländern zu erwarten, dass sie die gleiche Last tragen.

Lukas: But this requires massive investments that these countries can't manage on their own. And often, such projects fail due to corruption, lack of infrastructure, or political instability. Industrialized nations need to finally deliver on their promises and invest more in development aid, instead of expecting developing countries to bear the same burden.

Sarah: Ja, die Industrieländer müssen definitiv mehr tun, aber das heißt nicht, dass Entwicklungsländer keine Verantwortung haben. Es geht um eine geteilte Verantwortung. Alle Länder müssen sich anstrengen, die globalen Emissionen zu senken, und die Industrieländer müssen dabei mehr Hilfe leisten. Aber wir können nicht so tun, als könnten Entwicklungsländer einfach abwarten.

Sarah: Yes, industrialized countries definitely need to do more, but that doesn't mean developing countries have no responsibility. It's about shared responsibility. All countries need to make an effort to reduce global emissions, and industrialized nations must provide more help. But we can't pretend that developing countries can just wait it out.

Lukas: Ich stimme zu, dass alle etwas tun müssen, aber die Last sollte fair verteilt sein. Entwicklungsländer brauchen Zeit und Unterstützung, um sich an die neuen Gegebenheiten anzupassen, ohne dabei ihre wirtschaftliche Entwicklung zu gefährden. Es ist ein schwieriger Balanceakt, aber wenn die Industrieländer ihren Teil beitragen, könnte das möglich sein.

Lukas: I agree that everyone must do something, but the burden should be fairly distributed. Developing countries need time and support to adapt to the new circumstances without jeopardizing their economic development. It's a difficult balancing act, but if industrialized nations do their part, it could be possible.

Sarah: Genau, es ist eine gemeinsame Verantwortung. Wenn die Industrieländer ihre Versprechen halten und Entwicklungsländer die Chancen nutzen, die ihnen geboten werden, können wir vielleicht den Klimawandel eindämmen, ohne dass die ärmeren Länder die Hauptlast tragen. Aber am Ende müssen wir alle zusammenarbeiten – die Zeit drängt.

Sarah: Exactly, it's a shared responsibility. If industrialized nations keep their promises and developing countries seize the opportunities given to them, we might be able to mitigate climate change without the poorer countries bearing the brunt. But in the end, we all have to work together—the clock is ticking.

Lukas: Ja, das ist wohl die wichtigste Erkenntnis: Niemand kann das allein schaffen. Aber wir dürfen auch nicht vergessen, dass die Verantwortung unterschiedlich verteilt sein sollte. Wer die meiste Verschmutzung verursacht hat, sollte auch den größten Beitrag zur Lösung leisten.

Lukas: Yes, that's probably the most important takeaway: no one can do this alone. But we must also remember that responsibility should be distributed differently. Those who caused the most pollution should also make the biggest contribution to solving it.

Sarah: Da sind wir uns einig. Gemeinsam können wir den Wandel schaffen, aber jeder muss bereit sein, seinen Teil zu leisten – auf gerechte und nachhaltige Weise.

Sarah: We agree on that. Together we can create change, but everyone must be willing to do their part—in a fair and sustainable way.

Kernkraft vs. erneuerbare Energien: Welche ist die bessere Lösung für die Zukunft?

Paul (Pro Kernkraft): Ich bin überzeugt, dass Kernkraft die bessere Lösung für die Zukunft ist, Laura. Sie liefert konstant und zuverlässig Energie, und im Gegensatz zu Wind und Sonne ist sie nicht von den Wetterbedingungen abhängig. Außerdem ist die Technologie schon ausgereift und könnte sofort in größerem Maßstab genutzt werden, um den Klimawandel zu bekämpfen.

Paul (Pro nuclear power): I am convinced that nuclear power is the better solution for the future, Laura. It provides constant and reliable energy, and unlike wind and solar, it is not dependent on weather conditions. Additionally, the technology is already mature and could be used on a larger scale right away to fight climate change.

Laura (Pro erneuerbare Energien): Das mag sein, Paul, aber die Risiken der Kernkraft sind einfach zu groß. Wir haben Tschernobyl und Fukushima erlebt – das sind Katastrophen, die wir nicht vergessen dürfen. Erneuerbare Energien sind sicherer, sauberer und vor allem nachhaltiger. Die Zukunft sollte auf Sonne, Wind und Wasser setzen, nicht auf eine Technologie, die potenziell so gefährlich ist.

Laura (Pro renewable energy): That may be true, Paul, but the risks of nuclear power are simply too great. We've witnessed Chernobyl and Fukushima—these are disasters we cannot forget. Renewable energy is safer, cleaner, and, most importantly, more sustainable. The future should rely on sun, wind, and water, not on a technology that is potentially so dangerous.

Paul: Aber die Wahrscheinlichkeit solcher Katastrophen ist heutzutage viel geringer. Die Sicherheitsstandards haben sich enorm verbessert. Wenn wir wirklich die Emissionen schnell senken wollen, brauchen wir eine zuverlässige Energiequelle, die rund um die Uhr verfügbar ist. Das können Wind- und

Solarenergie einfach nicht bieten. Was machen wir, wenn der Wind nicht weht oder die Sonne nicht scheint?

Paul: But the likelihood of such disasters is much lower nowadays. Safety standards have improved significantly. If we really want to reduce emissions quickly, we need a reliable energy source that is available around the clock. Wind and solar energy simply cannot provide that. What do we do when the wind doesn't blow or the sun doesn't shine?

Laura: Dafür gibt es aber schon Lösungen, Paul. Mit besserer Energiespeicherung und intelligenten Netzen können wir diese Schwankungen ausgleichen. Außerdem wird die Technologie für erneuerbare Energien immer effizienter. Windparks und Solaranlagen können heute viel mehr Strom produzieren als noch vor ein paar Jahren. Es geht nur darum, in die richtige Infrastruktur zu investieren.

Laura: But there are already solutions for that, Paul. With better energy storage and smart grids, we can balance these fluctuations. Additionally, renewable energy technology is becoming more efficient. Wind farms and solar plants can produce much more electricity today than they could a few years ago. It's just a matter of investing in the right infrastructure.

Paul: Aber wir haben nicht genug Zeit, um auf diese Technologien zu warten. Der Klimawandel verlangt sofortige Maßnahmen, und Kernkraft kann diese Lücke füllen. Die CO_2-Emissionen sind minimal, und wir könnten fossile Brennstoffe viel schneller ersetzen, wenn wir mehr auf Kernenergie setzen würden. Erneuerbare Energien allein werden nicht ausreichen, um den weltweiten Energiebedarf zu decken.

Paul: But we don't have enough time to wait for these technologies. Climate change demands immediate action, and nuclear power can fill that gap. CO_2 emissions are minimal, and we could replace fossil fuels much more quickly if we relied more on nuclear energy.

Renewable energy alone won't be enough to meet global energy demand.

Laura: Das sehe ich anders. Die Kosten für erneuerbare Energien sinken rapide, und immer mehr Länder investieren in Solar- und Windkraft. Kernkraft mag CO_2-arm sein, aber was machen wir mit dem radioaktiven Abfall? Es gibt bis heute keine wirklich sichere Lösung dafür. Erneuerbare Energien hinterlassen keinen solch gefährlichen Müll, der für Tausende von Jahren sicher gelagert werden muss.

Laura: I see it differently. The costs of renewable energy are dropping rapidly, and more and more countries are investing in solar and wind power. Nuclear energy may be low in CO_2 emissions, but what do we do with the radioactive waste? To this day, there is no truly safe solution for it. Renewable energy doesn't leave behind dangerous waste that needs to be safely stored for thousands of years.

Paul: Der radioaktive Abfall ist ein Problem, aber es ist überschaubar im Vergleich zu den massiven CO_2-Emissionen, die fossile Brennstoffe verursachen. Wenn wir wirklich den Klimawandel bekämpfen wollen, müssen wir Prioritäten setzen. Außerdem gibt es Forschungen zu neuen Reaktortypen, die weniger Abfall produzieren oder ihn sogar wiederverwenden können. Wir sollten diese Technologien weiterentwickeln, anstatt sie komplett abzulehnen.

Paul: Radioactive waste is a problem, but it's manageable compared to the massive CO_2 emissions caused by fossil fuels. If we really want to fight climate change, we have to set priorities. Additionally, there is research into new reactor types that produce less waste or can even reuse it. We should develop these technologies further instead of rejecting them entirely.

Laura: Aber warum sollten wir in eine Technologie investieren, die so viele Gefahren birgt, wenn wir schon saubere Alternativen haben? Erneuerbare Energien sind zukunftssicher und werden mit der Zeit nur besser. Kernkraft ist eine Technologie der Vergangenheit. Wir sollten uns auf das konzentrieren, was wirklich nachhaltig ist, anstatt an alten Ideen festzuhalten.

Laura: But why should we invest in a technology that carries so many risks when we already have clean alternatives? Renewable energy is future-proof and will only get better over time. Nuclear power is a technology of the past. We should focus on what is truly sustainable instead of holding on to old ideas.

Paul: Alt bedeutet nicht automatisch schlecht. Kernkraft ist eine bewährte Technologie, die Millionen von Menschen mit Energie versorgt hat, ohne die Umwelt massiv zu belasten. Sie ist der schnellste Weg, um den CO_2-Ausstoß drastisch zu senken. Erneuerbare Energien haben noch immer Probleme mit der Verfügbarkeit und der Speicherung. Wie wollen wir eine stabile Energieversorgung sicherstellen, wenn wir nur auf Wind und Sonne setzen?

Paul: Old doesn't automatically mean bad. Nuclear power is a proven technology that has provided energy to millions without significantly harming the environment. It's the fastest way to drastically reduce CO_2 emissions. Renewable energy still struggles with availability and storage. How do we ensure stable energy supply if we rely only on wind and solar?

Laura: Indem wir die Technologie weiterentwickeln. Es gibt schon Fortschritte bei der Speicherung, zum Beispiel mit Batterien und Pumpspeicherkraftwerken. Außerdem ist die Kombination verschiedener erneuerbarer Energien der Schlüssel – Wind, Sonne, Geothermie, Wasserkraft. Es gibt keinen Grund, warum wir nicht 100% erneuerbare Energie anstreben sollten.

Laura: By continuing to develop the technology. There are already advancements in storage, such as with batteries and pumped storage plants. Additionally, the combination of various renewable energies is key—wind, solar, geothermal, hydropower. There's no reason why we shouldn't aim for 100% renewable energy.

Paul: Aber das dauert zu lange! Wir brauchen jetzt Lösungen, und Kernkraft ist bereit, diese Lücke zu füllen. Die Erneuerbaren werden sicher eine große Rolle spielen, aber ohne Kernkraft riskieren wir, dass wir den Übergang nicht schnell genug schaffen. Wir müssen pragmatisch sein – der Klimawandel wartet nicht darauf, dass die Technologie irgendwann in der Zukunft bereit ist.

Paul: But that takes too long! We need solutions now, and nuclear power is ready to fill that gap. Renewables will certainly play a big role, but without nuclear, we risk not transitioning fast enough. We need to be pragmatic—climate change isn't waiting for technology to be ready sometime in the future.

Laura: Aber pragmatisch sein bedeutet auch, die langfristigen Risiken zu betrachten. Kernkraftwerke sind teuer zu bauen und zu betreiben, und wir müssen uns um den Abfall kümmern. Wenn es zu einem Unfall kommt, sind die Folgen verheerend. Warum sollten wir dieses Risiko eingehen, wenn es sicherere und umweltfreundlichere Alternativen gibt? Wind und Solar mögen nicht perfekt sein, aber sie haben kein Katastrophenpotenzial wie ein Kernkraftwerk.

Laura: But being pragmatic also means considering the long-term risks. Nuclear power plants are expensive to build and operate, and we have to deal with the waste. If an accident happens, the consequences are catastrophic. Why should we take that risk when there are safer and more environmentally friendly alternatives? Wind and solar may not be perfect, but they don't carry the disaster potential of a nuclear plant.

Paul: Jede Technologie hat Risiken. Aber die Risiken der Kernkraft werden oft übertrieben dargestellt. Die wenigen Unfälle, die es gab, sind tragisch, aber sie sind die Ausnahme. Im Vergleich dazu sterben jedes Jahr Millionen Menschen durch die

Luftverschmutzung, die fossile Brennstoffe verursachen. Kernkraft könnte viele dieser Todesfälle verhindern. Es ist eine Frage des geringeren Übels.

Paul: Every technology has risks. But the risks of nuclear power are often exaggerated. The few accidents that have occurred are tragic, but they are exceptions. In comparison, millions of people die every year from air pollution caused by fossil fuels. Nuclear power could prevent many of these deaths. It's a matter of the lesser evil.

Laura: Es geht aber nicht nur um das „geringere Übel". Es geht darum, wirklich nachhaltige Lösungen zu finden, die keine potenziellen Katastrophen bergen. Wenn wir langfristig denken, sind erneuerbare Energien der einzige Weg, um sowohl den Klimawandel zu bekämpfen als auch unsere Zukunft sicher zu gestalten. Wir sollten mutig genug sein, den vollständigen Übergang zu wagen.

Laura: It's not just about the "lesser evil." It's about finding truly sustainable solutions that don't carry the potential for catastrophe. If we think long-term, renewable energy is the only way to fight climate change and ensure a safe future. We should be bold enough to make the full transition.

Paul: Aber wir müssen realistisch bleiben. Es wäre fantastisch, wenn wir alles auf erneuerbare Energien umstellen könnten, aber die Realität ist, dass wir diesen Übergang noch nicht schnell genug schaffen können. Kernkraft kann uns in der Zwischenzeit helfen, die CO_2-Emissionen drastisch zu senken, während wir weiter in die erneuerbaren Energien investieren. Es ist eine Brückentechnologie, die wir nicht einfach ignorieren können.

Paul: But we have to stay realistic. It would be fantastic if we could switch everything to renewable energy, but the reality is that we can't make that transition fast enough. Nuclear power can help us drastically reduce CO_2 emissions in the meantime while we continue to invest in renewables. It's a bridge technology that we can't just ignore.

Laura: Eine „Brückentechnologie", die uns aufhalten könnte, weiter in erneuerbare Energien zu investieren. Wenn wir Kernkraft zu sehr fördern, verlangsamen wir den Ausbau der Erneuerbaren, weil die Ressourcen und Gelder in die falsche Richtung fließen. Wir müssen konsequent auf das setzen, was die nachhaltigste und sicherste Lösung ist, und das sind die erneuerbaren Energien.

Laura: A "bridge technology" that could slow us down from further investing in renewables. If we promote nuclear too much, we'll slow the expansion of renewables because resources and funds will flow in the wrong direction. We need to consistently focus on what is the most sustainable and safest solution, and that is renewable energy.

Paul: Ich denke, wir sollten beide Ansätze kombinieren. Kernkraft als Übergangslösung, um sofort die Emissionen zu reduzieren, und gleichzeitig den Ausbau der erneuerbaren Energien massiv vorantreiben. Wir können uns nicht nur auf eine Lösung verlassen – der Klimawandel erfordert alle verfügbaren Mittel.

Paul: I think we should combine both approaches. Nuclear power as a transition solution to immediately reduce emissions, while also massively advancing the expansion of renewables. We can't rely on just one solution—climate change requires all available tools.

Laura: Da stimme ich dir zu, dass wir schnell handeln müssen. Aber für mich ist klar, dass die Zukunft den erneuerbaren Energien gehört. Sie sind sicherer, nachhaltiger und langfristig auch kostengünstiger. Kernkraft mag kurzfristig helfen, aber sie darf nicht die Zukunft dominieren.

Laura: I agree that we need to act quickly. But for me, it's clear that the future belongs to renewable energy. It's safer, more sustainable, and in the long run, more cost-effective. Nuclear power may help in the short term, but it shouldn't dominate the future.

Paul: Solange wir uns darauf einigen, dass wir alles tun müssen, um den Klimawandel zu bekämpfen, sind wir zumindest auf dem richtigen Weg. Ob mit Kernkraft oder ohne – das Ziel muss sein, so schnell wie möglich die fossilen Brennstoffe loszuwerden.

Paul: As long as we agree that we need to do everything to fight climate change, we're at least on the right track. Whether with nuclear or without—the goal must be to get rid of fossil fuels as quickly as possible.

Laura: Da sind wir uns einig. Aber für mich liegt die Zukunft in sauberen, erneuerbaren Energien – ohne das Risiko, das Kernkraft mit sich bringt.

Laura: We agree on that. But for me, the future lies in clean, renewable energy—without the risks that nuclear power brings.

Paul: Und für mich sollte Kernkraft Teil des Mixes sein, bis wir 100% erneuerbare Energien erreicht haben.

Paul: And for me, nuclear power should be part of the mix until we reach 100% renewable energy.

Meinungsfreiheit vs. Hassrede: Wo ziehen wir die Grenze zwischen Freiheit und Schutz? Wer entscheidet, was Hassrede ist? Die Gefahren der Zensur

Lena (Pro Meinungsfreiheit): Ich denke, die Meinungsfreiheit ist ein fundamentales Recht, Jonas. Egal, wie unangenehm oder provokativ eine Meinung ist, sie sollte geäußert werden dürfen. Sobald wir anfangen, Meinungen als „Hassrede" zu zensieren, begeben wir uns auf gefährliches Terrain. Wer entscheidet denn, was als Hassrede gilt und was noch unter Meinungsfreiheit fällt?

Lena (Pro freedom of speech): I think freedom of speech is a fundamental right, Jonas. No matter how uncomfortable or provocative an opinion is, it should be allowed to be expressed. Once we start censoring opinions as "hate speech," we enter dangerous territory. Who decides what counts as hate speech and what still falls under freedom of expression?

Jonas (Pro Schutz vor Hassrede): Klar, Meinungsfreiheit ist wichtig, aber es gibt Grenzen, Lena. Wenn Worte dazu benutzt werden, um Gewalt zu fördern oder bestimmte Gruppen gezielt zu diskriminieren, dann hören sie auf, nur „Meinungen" zu sein. Hassrede kann echten Schaden anrichten – das haben wir in der Geschichte und auch heute oft genug gesehen. Wir müssen Menschen schützen, bevor es zu spät ist.

Jonas (Pro protection from hate speech): Sure, freedom of speech is important, but there are limits, Lena. When words are used to incite violence or deliberately target certain groups for discrimination, they stop being just "opinions." Hate speech can cause real harm – we've seen it enough in history and even today. We must protect people before it's too late.

Lena: Aber genau da fängt das Problem an, Jonas. Wer bestimmt, was als „Gewalt fördern" oder „Diskriminierung" gilt? Was für den einen als legitime Kritik gilt, kann für den anderen Hassrede sein. Wenn wir anfangen, Meinungen zu zensieren, schaffen wir eine Kultur, in der die freie Rede unterdrückt wird. Das kann leicht missbraucht werden, um politische Gegner zum Schweigen zu bringen.

Lena: But that's exactly where the problem begins, Jonas. Who decides what counts as "inciting violence" or "discrimination"? What one person sees as legitimate criticism, another might see as hate speech. If we start censoring opinions, we create a culture where free speech is suppressed. This can easily be misused to silence political opponents.

Jonas: Ich sehe die Gefahr, aber wir können doch nicht einfach alles durchwinken, nur um die Meinungsfreiheit zu schützen. Manche Aussagen schüren Hass und Gewalt, und das ist nicht akzeptabel. Hassrede zielt darauf ab, andere Menschen zu entmenschlichen oder gegen sie aufzurufen. Da müssen wir als Gesellschaft klare Grenzen setzen.

Jonas: I see the danger, but we can't just allow everything in the name of protecting free speech. Some statements incite hatred and violence, and that's not acceptable. Hate speech is designed to dehumanize people or call for harm against them. We, as a society, need to set clear boundaries.

Lena: Aber was ist, wenn diese Grenzen immer enger gezogen werden? Heute verbieten wir Hassrede gegen Minderheiten, morgen vielleicht jede Form von Kritik an der Regierung oder an kontroversen Themen wie Migration oder Religion. Das Risiko der Zensur ist real, und einmal damit begonnen, lässt es sich schwer stoppen. Ist es das wert?

Lena: But what happens if these boundaries keep narrowing? Today we ban hate speech against minorities, and tomorrow maybe every form of criticism against the government or controversial topics like migration or religion. The risk of censorship is real, and once it begins, it's hard to stop. Is it worth it?

Jonas: Es geht nicht darum, jede Kritik zu unterdrücken. Kritik an Religion oder Politik ist völlig legitim. Aber wenn diese Kritik in Hetze umschlägt, in der zu Gewalt aufgerufen wird oder Menschen diffamiert werden, dann ist das nicht mehr Meinungsfreiheit. Das sind gezielte Angriffe, die das gesellschaftliche Miteinander gefährden. Wir müssen uns als Gesellschaft schützen.

Jonas: It's not about suppressing all criticism. Criticism of religion or politics is completely legitimate. But when that criticism turns into incitement, calling for violence or defaming people, that's no longer free speech. Those are targeted attacks that endanger social harmony. We must protect ourselves as a society.

Lena: Aber wie definierst du Hetze oder Diffamierung? Das ist doch oft subjektiv. Was für den einen eine klare Meinung ist, empfindet ein anderer als beleidigend. Wenn wir anfangen, solche Meinungen zu zensieren, riskieren wir, dass am Ende nur noch eine bestimmte Meinung erlaubt ist. Das ist das Ende der offenen Debatte und der Demokratie.

Lena: But how do you define incitement or defamation? It's often subjective. What one person sees as a clear opinion, another finds offensive. If we start censoring such opinions, we risk ending up with only one accepted opinion. That's the end of open debate and democracy.

Jonas: Aber wir müssen uns doch auch fragen, was mehr Schaden anrichtet: Hassrede, die zu realer Gewalt führen kann, oder die Einschränkung der Meinungsfreiheit? Wenn Menschen durch Worte aufgewiegelt werden und es zu Angriffen auf Minderheiten kommt, dann muss der Staat eingreifen. Es gibt Beispiele aus der Geschichte, wo Hassrede die Vorstufe zu Genozid oder Gewalt war.

Jonas: But we also have to ask what causes more harm: hate speech that can lead to real violence or limiting free speech? If people are stirred up by words and attacks on minorities happen, then the state has to step in. There are examples in history where hate speech was the precursor to genocide or violence.

Lena: Ich stimme dir zu, dass Worte mächtig sind, aber die Antwort darauf kann nicht Zensur sein. Stattdessen müssen wir als Gesellschaft lernen, mit unangenehmen oder provokativen Meinungen umzugehen, anstatt sie zu verbieten. Wenn wir die Grenzen der Meinungsfreiheit zu eng setzen, verlieren wir einen wichtigen Teil unserer demokratischen Kultur. Die Gefahr liegt darin, dass wir nicht mehr frei diskutieren können.

Lena: I agree that words are powerful, but the answer cannot be censorship. Instead, we, as a society, need to learn how to deal with uncomfortable or provocative opinions rather than banning them. If we set the boundaries of free speech too narrowly, we lose an important part of our democratic culture. The danger is that we won't be able to have free discussions anymore.

Jonas: Aber die Freiheit, alles sagen zu dürfen, sollte doch nicht über dem Schutz der Schwächeren stehen. Wenn Hassreden dazu führen, dass Menschen in Angst leben oder gar angegriffen werden, dann haben wir unsere Prioritäten falsch gesetzt. Der Staat muss die Aufgabe haben, alle Bürger zu schützen – auch vor den Gefahren von Hassrede.

Jonas: But the freedom to say anything shouldn't outweigh the protection of the vulnerable. If hate speech leads to people living in fear or even being attacked, then we've set our priorities wrong. The state has the responsibility to protect all citizens – including from the dangers of hate speech.

Lena: Das klingt theoretisch gut, aber in der Praxis wird oft der Begriff „Hassrede" missbraucht, um unliebsame Meinungen zu unterdrücken. Was, wenn eine Regierung plötzlich Kritik an ihrer Politik als Hassrede einstuft? Dann sind wir in einer Zensurdiktatur. Wir dürfen nicht zulassen, dass aus gut gemeinten Schutzmaßnahmen Instrumente der Unterdrückung werden.

Lena: That sounds good in theory, but in practice, the term "hate speech" is often misused to suppress unwanted opinions. What if a government suddenly labels criticism of its policies as hate speech? Then we end up in a censorship dictatorship. We must not allow well-intentioned protection measures to become tools of oppression.

Jonas: Natürlich muss es klare und objektive Kriterien geben. Es darf keine politische Zensur geben, aber wir können auch nicht einfach jede Meinung schützen, wenn sie anderen schadet. Die Abwägung zwischen Meinungsfreiheit und Schutz ist komplex, aber es ist notwendig, diese Diskussion zu führen, um Extremismus und Gewalt zu verhindern.

Jonas: Of course, there must be clear and objective criteria. There should be no political censorship, but we also can't protect every opinion if it harms others. Balancing freedom of speech with protection is complex, but it's necessary to have this discussion to prevent extremism and violence.

Lena: Ich stimme zu, dass es eine schwierige Balance ist, aber für mich steht die Meinungsfreiheit an erster Stelle. Wir dürfen nicht anfangen, den öffentlichen Diskurs zu regulieren, nur weil uns manche Meinungen nicht gefallen oder unangenehm sind. Auf lange Sicht schadet Zensur der Gesellschaft mehr, als sie schützt.

Lena: I agree that it's a difficult balance, but for me, freedom of speech comes first. We shouldn't start regulating public discourse just because we don't like certain opinions or find them uncomfortable. In the long run, censorship harms society more than it protects.

Jonas: Aber auch zu viel Freiheit kann gefährlich sein, wenn sie missbraucht wird, um Hass und Gewalt zu verbreiten. Die Kunst besteht darin, den richtigen Mittelweg zu finden – Meinungsfreiheit zu garantieren, aber gleichzeitig die Gesellschaft vor den zerstörerischen Kräften von Hassrede zu schützen.

Jonas: But too much freedom can also be dangerous if it's misused to spread hate and violence. The key is finding the right balance – guaranteeing freedom of speech while also protecting society from the destructive forces of hate speech.

Zensur in den sozialen Medien: Notwendig für die Sicherheit oder eine Verletzung der Meinungsfreiheit?

Mara (Pro Zensur für Sicherheit): Ich finde, Zensur in den sozialen Medien ist notwendig, Ben. Es gibt einfach zu viele gefährliche Inhalte, die verbreitet werden – ob es nun um Fake News, Hassrede oder Aufrufe zu Gewalt geht. Plattformen wie Facebook oder Twitter haben eine Verantwortung, ihre Nutzer zu schützen. Wenn sie Inhalte nicht moderieren, kann das reale Folgen haben, wie wir schon oft gesehen haben.

Mara (Pro censorship for safety): I think censorship on social media is necessary, Ben. There are simply too many dangerous contents being spread – whether it's fake news, hate speech, or calls for violence. Platforms like Facebook or Twitter have a responsibility to protect their users. If they don't moderate content, it can have real consequences, as we've often seen.

Ben (Pro Meinungsfreiheit): Klar, Mara, aber wer entscheidet, was gefährlich ist und was nicht? Sobald wir anfangen, Inhalte zu zensieren, bewegen wir uns auf dünnem Eis. Was heute als gefährlich gilt, könnte morgen schon eine legitime politische Meinung sein. Meinungsfreiheit sollte in einer Demokratie immer oberste Priorität haben, auch wenn wir manchmal mit unangenehmen Meinungen konfrontiert werden.

Ben (Pro freedom of speech): Sure, Mara, but who decides what's dangerous and what isn't? As soon as we start censoring content, we're on thin ice. What's considered dangerous today could be a legitimate political opinion tomorrow. Freedom of speech should always be a top priority in a democracy, even if we sometimes have to deal with uncomfortable opinions.

Mara: Natürlich ist das eine heikle Frage, aber wir haben gesehen, wie schnell sich Desinformation verbreitet und echten Schaden anrichtet. Von Verschwörungstheorien über die Pandemie bis hin zu Wahlmanipulationen – wenn soziale Medien nicht eingreifen, kann das Chaos verursachen. Es geht nicht darum, jede Meinung zu unterdrücken, sondern um die Verhinderung von Schaden.

Mara: Of course, it's a delicate issue, but we've seen how quickly misinformation spreads and causes real harm. From conspiracy theories about the pandemic to election manipulation – if social media doesn't intervene, it can create chaos. It's not about suppressing every opinion, but about preventing harm.

Ben: Aber wo hört das auf? Heute sind es Verschwörungstheorien, morgen vielleicht Kritik an der Regierung. Wenn private Unternehmen die Macht haben, zu entscheiden, was gesagt werden darf und was nicht, kann das leicht missbraucht werden. Die Gefahr besteht, dass nur noch bestimmte Meinungen gehört werden und alles andere zum Schweigen gebracht wird. Das ist keine echte Meinungsfreiheit mehr.

Ben: But where does it stop? Today it's conspiracy theories, tomorrow it might be criticism of the government. If private companies have the power to decide what can and cannot be said, it can easily be abused. The danger is that only certain opinions will be heard and everything else silenced. That's no longer real freedom of speech.

Mara: Aber ohne Kontrolle wird es schnell gefährlich. Die sozialen Medien haben eine enorme Reichweite und können innerhalb von Minuten Millionen von Menschen erreichen. Wenn wir dort keine Regeln setzen, geben wir Extremisten, Hasspredigern und Lügnern eine Plattform. Es gibt Grenzen der Meinungsfreiheit, besonders wenn es um Aufrufe zu Gewalt oder Verbreitung von Lügen geht.

Mara: But without control, it becomes dangerous quickly. Social media has enormous reach and can connect with millions of people within minutes. If we don't set rules, we give extremists, hate preachers, and liars a platform. There are limits to free speech, especially when it comes to inciting violence or spreading lies.

Ben: Aber wer entscheidet, was eine Lüge ist? Das ist doch der Kern des Problems. Wenn wir Zensur zulassen, geben wir einer kleinen Gruppe – sei es Unternehmen oder Regierungen – die Macht, zu bestimmen, was wahr ist und was nicht. Das ist der Beginn einer gefährlichen Entwicklung. Meinungsfreiheit bedeutet, dass auch unbequeme oder falsche Meinungen geäußert werden dürfen.

Ben: But who decides what a lie is? That's the core of the problem. If we allow censorship, we give a small group – whether companies or governments – the power to decide what's true and what isn't. That's the start of a dangerous trend. Freedom of speech means even uncomfortable or false opinions can be expressed.

Mara: Ja, aber Meinungsfreiheit bedeutet nicht, dass man alles ohne Konsequenzen sagen darf. Es gibt Gesetze gegen Hassrede, gegen Verleumdung und gegen Aufrufe zur Gewalt – warum sollten soziale Medien da anders behandelt werden? Wenn jemand auf der Straße hetzt, wird er zur Rechenschaft gezogen. Warum sollten Plattformen nicht dafür sorgen, dass ihre Räume sicher bleiben?

Mara: Yes, but freedom of speech doesn't mean you can say anything without consequences. There are laws against hate speech, slander, and incitement to violence – why should social media be treated differently? If someone incites hate on the street, they're held accountable. Why shouldn't platforms ensure their spaces remain safe?

Ben: Das Problem ist, dass soziale Medien keine öffentlichen Plätze sind. Sie werden von privaten Unternehmen betrieben, die oft eigene Interessen haben. Wenn wir ihnen erlauben, willkürlich zu entscheiden, was zensiert wird, riskieren wir, dass die freie Meinungsäußerung immer weiter eingeschränkt wird. Zensur kann nicht die Antwort auf alles sein, was uns nicht gefällt.

Ben: The problem is that social media isn't public space. They're run by private companies that often have their own interests. If we let them arbitrarily decide what gets censored, we risk further restrictions on free speech. Censorship can't be the answer to everything we don't like.

Mara: Aber Zensur ist nicht immer willkürlich. Es gibt klare Richtlinien für Inhalte, die Gewalt fördern, Hass verbreiten oder Desinformation streuen. Diese Dinge schaden der Gesellschaft und müssen reguliert werden. Es ist nicht einfach nur eine Frage der freien Rede, sondern eine Frage des Schutzes der öffentlichen Sicherheit.

Mara: But censorship isn't always arbitrary. There are clear guidelines for content that promotes violence, spreads hate, or disseminates misinformation. These things harm society and need regulation. It's not just a matter of free speech, but a matter of protecting public safety.

Ben: Aber das führt dazu, dass wichtige Debatten unterdrückt werden. Was, wenn jemand eine legitime Kritik äußert, die nicht der Mehrheitsmeinung entspricht? Wird das auch als gefährlich eingestuft und zensiert? Die Gefahr besteht, dass kontroverse, aber notwendige Diskussionen unterdrückt werden, weil sie nicht ins „sichere" Narrativ passen.

Ben: But that leads to important debates being suppressed. What if someone expresses legitimate criticism that doesn't align with the majority opinion? Will that also be considered dangerous and censored? The danger is that controversial but necessary discussions get suppressed because they don't fit the "safe" narrative.

Mara: Es geht nicht um das Unterdrücken von Debatten, sondern um die Vermeidung von Schaden. Niemand hat etwas dagegen, wenn man kontrovers diskutiert, aber wenn die Grenze zur Hetze oder Gewalt überschritten wird, muss eingegriffen werden. Die sozialen Medien haben schon zu viel Schaden angerichtet, indem sie extremistischen Stimmen eine Bühne geboten haben.

Mara: It's not about suppressing debates, but about preventing harm. No one minds controversial discussions, but when the line to hate speech or violence is crossed, action must be taken. Social media has already caused too much harm by giving extremist voices a platform.

Ben: Das stimmt, aber trotzdem sollten wir vorsichtig sein, was wir als „extremistisch" oder „gefährlich" einstufen. Heute sind es die Extremisten, die zensiert werden, aber morgen könnten es politische Dissidenten oder Aktivisten sein, die für soziale Gerechtigkeit kämpfen. Die Zensur mag mit guten Absichten beginnen, aber sie endet oft in der Unterdrückung von Meinungen, die unbequem sind.

Ben: That's true, but we still need to be careful about what we classify as "extremist" or "dangerous." Today it's extremists being censored, but tomorrow it could be political dissidents or activists fighting for social justice. Censorship may start with good intentions, but it often ends up suppressing opinions that are simply uncomfortable.

Mara: Ich verstehe deinen Punkt, aber ich denke, die Konsequenzen, nichts zu tun, sind schlimmer. Wenn wir Hassrede, Fake News und Aufrufe zu Gewalt ungehindert lassen, wird das reale Leben negativ beeinflusst. Menschen werden manipuliert, polarisiert und sogar zu Gewalt angestiftet. Wir brauchen Regeln, um das Internet sicherer zu machen, sonst riskieren wir die gesellschaftliche Stabilität.

Mara: I understand your point, but I think the consequences of doing nothing are worse. If we let hate speech, fake news, and calls to violence go unchecked, real life is negatively affected. People are manipulated, polarized, and even incited to violence. We need rules to make the internet safer, or we risk social stability.

Ben: Natürlich muss es eine gewisse Kontrolle geben, aber die Frage ist, wie viel und von wem. Es muss transparente

Mechanismen geben, die sicherstellen, dass Meinungsfreiheit geschützt bleibt und Zensur nicht zu einem Machtinstrument wird. Soziale Medien sind ein zentraler Teil unserer modernen Kommunikation, und wir dürfen sie nicht durch zu viel Kontrolle ersticken.

Ben: Of course, there must be some level of control, but the question is how much and by whom. There need to be transparent mechanisms to ensure that freedom of speech is protected and that censorship doesn't become a tool of power. Social media is a central part of modern communication, and we can't stifle it with too much control.

Mara: Ja, Transparenz ist wichtig. Aber ohne Zensur würden diese Plattformen von Desinformation, Hass und Hetze überschwemmt werden. Wir brauchen einen Mittelweg – einen, der Sicherheit bietet, ohne die freie Meinungsäußerung zu stark einzuschränken.

Mara: Yes, transparency is important. But without censorship, these platforms would be flooded with misinformation, hate, and incitement. We need a middle ground—one that offers safety without overly restricting free expression.

Ben: Genau, ein Mittelweg. Wir müssen sicherstellen, dass wir die Meinungsfreiheit nicht opfern, während wir versuchen, die Sicherheit zu schützen. Denn ohne echte Meinungsfreiheit verlieren wir einen der Grundpfeiler der Demokratie.

Ben: Exactly, a middle ground. We must ensure that we don't sacrifice free speech while trying to protect safety. Because without true freedom of speech, we lose one of the pillars of democracy.

Mara: Das sehe ich auch so. Es ist eine schwierige Balance, aber ich glaube, wir können beides haben: Sicherheit und Freiheit, wenn wir es richtig angehen.

Mara: I agree with that. It's a difficult balance, but I believe we can have both: safety and freedom, if we approach it the right way.

Gentechnik und Klonen: Sollten Menschen die Gene von Lebewesen verändern?

Tina (Pro Gentechnik): Ich denke, wir sollten die Möglichkeiten der Gentechnik nutzen, Alex. Sie bietet so viele Chancen, von der Heilung genetischer Krankheiten bis hin zur Verbesserung der Landwirtschaft. Wenn wir in der Lage sind, Pflanzen widerstandsfähiger zu machen oder Erbkrankheiten zu verhindern, warum sollten wir dann diese Technologie nicht einsetzen?

Tina (Pro genetic engineering): I think we should use the possibilities of genetic engineering, Alex. It offers so many opportunities, from curing genetic diseases to improving agriculture. If we are able to make plants more resistant or prevent hereditary diseases, why shouldn't we use this technology?

Alex (Kontra Gentechnik): Aber Tina, wir spielen damit Gott. Das Eingreifen in die genetische Struktur von Lebewesen ist gefährlich. Wir wissen noch nicht genug über die langfristigen Folgen. Was, wenn wir die Balance der Natur aus dem Gleichgewicht bringen? Außerdem besteht die Gefahr, dass Gentechnik missbraucht wird – denk nur an Designer-Babys oder genetisch veränderte Tiere für den Konsum.

Alex (Against genetic engineering): But Tina, we're playing God with this. Intervening in the genetic structure of living beings is dangerous. We don't know enough about the long-term consequences. What if we throw the balance of nature off? There's also the risk of genetic engineering being misused – think about designer babies or genetically modified animals for consumption.

Tina: Natürlich gibt es Risiken, aber jedes neue Feld in der Wissenschaft bringt Risiken mit sich. Das bedeutet nicht, dass wir es komplett ablehnen sollten. Wir haben die Möglichkeit, durch Gentechnik das Leben von Millionen von Menschen zu verbessern. Warum sollten wir Menschen, die unter Erbkrankheiten leiden, nicht die Chance geben, ein gesundes Leben zu führen?

Tina: Of course, there are risks, but every new field in science brings risks. That doesn't mean we should completely reject it. We have the opportunity to improve the lives of millions through genetic engineering. Why shouldn't we give people suffering from hereditary diseases the chance to live a healthy life?

Alex: Weil wir nicht wissen, welche unbeabsichtigten Konsequenzen unsere Eingriffe haben könnten. Wenn wir anfangen, das menschliche Genom zu verändern, könnte das Generationen später negative Auswirkungen haben. Vielleicht schaffen wir durch diese Änderungen neue Krankheiten oder Schwächen, die wir heute noch nicht absehen können. Die Natur hat ihre eigene Ordnung, und wir sollten uns nicht anmaßen, sie zu verändern.

Alex: Because we don't know what unintended consequences our interventions could have. If we start altering the human genome, it could have negative effects generations later. Maybe we'll create new diseases or weaknesses we can't foresee today. Nature has its own order, and we shouldn't presume to change it.

Tina: Aber die Natur verursacht auch viel Leid. Schau dir die vielen genetischen Krankheiten an, die Menschen von Geburt an ertragen müssen. Warum sollten wir nicht die Möglichkeit nutzen, das zu verhindern? Es gibt schon so viele Fortschritte in der Medizin dank der Gentechnik. Und es geht nicht nur um Menschen – auch in der Landwirtschaft könnte Gentechnik helfen, den Hunger in der Welt zu bekämpfen, indem wir widerstandsfähigere Pflanzen züchten.

Tina: But nature also causes a lot of suffering. Look at the many genetic diseases people have to endure from birth. Why shouldn't we use the opportunity to prevent that? There are already so many advancements in medicine thanks to genetic engineering. And it's not just about humans – genetic engineering could help combat world hunger by creating more resilient crops.

Alex: Aber auch das birgt Risiken. Genmanipulierte Pflanzen könnten Ökosysteme stören oder die biologische Vielfalt verringern. Wenn wir in die natürliche Evolution eingreifen, könnten wir unvorhersehbare Folgen verursachen. Und in Bezug auf Menschen: Was passiert, wenn nur die Reichen sich genetische Verbesserungen leisten können? Dann erschaffen wir eine Gesellschaft, in der die Kluft zwischen Arm und Reich noch größer wird.

Alex: But that also brings risks. Genetically modified plants could disrupt ecosystems or reduce biodiversity. If we interfere with natural evolution, we could cause unpredictable consequences. And when it comes to humans: what happens if only the rich can afford genetic enhancements? Then we create a society where the gap between rich and poor becomes even larger.

Tina: Diese Bedenken sind berechtigt, aber das spricht für eine starke Regulierung, nicht für ein generelles Verbot. Wir sollten sicherstellen, dass die Gentechnik allen zugutekommt und nicht nur den Wohlhabenden. Es ist unsere Verantwortung, diese Technologie so zu nutzen, dass sie der Menschheit dient, ohne dabei unverantwortlich zu handeln.

Tina: These concerns are valid, but that argues for strong regulation, not a blanket ban. We should ensure that genetic engineering benefits everyone, not just the wealthy. It's our responsibility to use this technology to serve humanity without acting irresponsibly.

Alex: Aber können wir wirklich sicherstellen, dass die Gentechnik nicht missbraucht wird? Die Geschichte zeigt, dass neue Technologien oft in die falschen Hände geraten. Denk nur an die Atomkraft – sie wurde als friedliche Energiequelle entwickelt, aber sie führte auch zur Atombombe. Wer garantiert, dass die Gentechnik nicht für destruktive Zwecke eingesetzt wird, zum Beispiel in der Biowaffenentwicklung?

Alex: But can we really ensure that genetic engineering won't be abused? History shows that new technologies often fall into the wrong hands. Just think about nuclear power – it was developed as a peaceful energy source, but it also led to the atomic bomb. Who guarantees that genetic engineering won't be used for destructive purposes, like bioweapons?

Tina: Natürlich gibt es diese Gefahr, aber das gilt für fast jede Technologie. Das bedeutet nicht, dass wir uns vor Fortschritt verschließen sollten. Wir müssen ethische Richtlinien und Gesetze entwickeln, um Missbrauch zu verhindern. Wenn wir Gentechnik richtig anwenden, können wir so viele Leben retten und verbessern. Das Risiko darf uns nicht lähmen.

Tina: Of course, there's that danger, but that's true of almost every technology. That doesn't mean we should close ourselves off to progress. We need to develop ethical guidelines and laws to prevent misuse. If we apply genetic engineering properly, we can save and improve so many lives. The risk shouldn't paralyze us.

Alex: Aber was ist mit den moralischen Fragen? Sollten wir wirklich das menschliche Genom verändern? Wir reden hier nicht nur über Medikamente oder chirurgische Eingriffe – wir reden über fundamentale Veränderungen, die die Natur des Menschen selbst betreffen. Wenn wir erst einmal anfangen, Gene zu verändern, wo ziehen wir die Grenze? Was, wenn Menschen anfangen, das Aussehen, die Intelligenz oder andere Eigenschaften ihrer Kinder zu „designen"?

Alex: But what about the moral questions? Should we really change the human genome? We're not just talking about medication or surgery – we're talking about fundamental changes that affect human nature itself. Once we start altering genes, where do we draw the line? What if people start designing their children's appearance, intelligence, or other traits?

Tina: Das sind natürlich schwierige Fragen, aber ich denke, dass wir hier eine differenzierte Diskussion führen müssen. Die Technik ist da, und sie wird sich weiterentwickeln, ob wir es wollen oder nicht. Es geht darum, wie wir sie verantwortungsbewusst einsetzen. Krankheiten zu heilen und das Leben von Menschen zu verbessern sollte unser oberstes Ziel sein, nicht das Designen von Babys.

Tina: These are, of course, difficult questions, but I think we need to have a nuanced discussion here. The technology is here, and it will continue to develop, whether we like it or not. It's about how we use it responsibly. Healing diseases and improving people's lives should be our top priority, not designing babies.

Alex: Aber was, wenn diese Grenze irgendwann verschwimmt? Es fängt bei der Heilung von Krankheiten an, aber wo hört es auf? Was, wenn Menschen entscheiden, dass sie „perfekte" Kinder wollen? Das könnte zu einer völlig neuen Form der Diskriminierung führen – diejenigen, die sich genetische Verbesserungen leisten können, und diejenigen, die es nicht können. Dann haben wir eine Zwei-Klassen-Gesellschaft basierend auf genetischer Manipulation.

Alex: But what if that line starts to blur? It starts with curing diseases, but where does it stop? What if people decide they want "perfect" children? That could lead to a whole new form of discrimination – those who can afford genetic enhancements and those who cannot. We would end up with a two-tier society based on genetic manipulation.

Tina: Deshalb brauchen wir klare ethische Standards und Gesetze, um solche Szenarien zu verhindern. Aber wir sollten nicht aus Angst vor möglichen Missbräuchen die Chancen der Gentechnik ungenutzt lassen. Es gibt so viel Potenzial, das Leben von Menschen zu verbessern, und ich denke, wir können das verantwortungsvoll tun, wenn wir die richtigen Regeln aufstellen.

Tina: That's why we need clear ethical standards and laws to prevent such scenarios. But we shouldn't let the fear of potential abuses stop us from using the opportunities genetic engineering offers. There's so much potential to improve people's lives, and I think we can do it responsibly if we establish the right rules.

Alex: Ich bleibe skeptisch. Die Natur hat ihre eigene Art, sich zu regulieren, und ich glaube, dass wir die Risiken nicht unterschätzen dürfen. Vielleicht sollten wir uns lieber darauf konzentrieren, wie wir besser mit den natürlichen Prozessen leben können, anstatt ständig zu versuchen, sie zu manipulieren. Gentechnik könnte langfristig mehr Probleme schaffen, als sie löst.

Alex: I remain skeptical. Nature has its own way of regulating itself, and I believe we must not underestimate the risks. Maybe we should focus on how to live better with natural processes rather than constantly trying to manipulate them. Genetic engineering could create more problems in the long run than it solves.

Tina: Ich sehe das anders. Wir haben als Menschheit immer nach Möglichkeiten gesucht, unsere Lebensbedingungen zu verbessern – sei es durch Medizin, Technik oder Wissenschaft. Gentechnik ist der nächste Schritt. Natürlich müssen wir vorsichtig sein, aber wir sollten die Chancen, die sie bietet, nicht aus Angst vor dem Unbekannten verpassen.

Tina: I see it differently. Humanity has always sought ways to improve living conditions – whether through medicine, technology, or science. Genetic engineering is the next step. Of course, we must be careful, but we shouldn't miss the opportunities it offers out of fear of the unknown.

Alex: Vorsicht ist der Schlüssel. Ich bin nicht gegen wissenschaftlichen Fortschritt, aber wir sollten sicherstellen, dass wir die Konsequenzen vollständig verstehen, bevor wir die Natur verändern. Die Gentechnik könnte irreversible Folgen haben, und ich glaube, wir sollten hier besonders behutsam vorgehen.

Alex: Caution is key. I'm not against scientific progress, but we need to make sure we fully understand the consequences before altering nature. Genetic engineering could have irreversible consequences, and I think we should proceed with particular care.

Tina: Das sollten wir definitiv, aber wir dürfen auch nicht den Fortschritt blockieren. Es liegt an uns, sicherzustellen, dass Gentechnik im Einklang mit ethischen Grundsätzen genutzt wird, um das Leben zu verbessern und nicht zu schaden. Die Zukunft bietet viele Möglichkeiten, und wir sollten sie mit Bedacht und Verantwortungsbewusstsein gestalten.

Tina: We definitely should, but we must not block progress either. It's up to us to ensure that genetic engineering is used in line with ethical principles to improve lives, not harm them. The future offers many opportunities, and we should shape it with care and responsibility.

Kapitalismus vs. Kommunismus: Welches System fördert Gerechtigkeit und Gleichheit besser?

Lukas (Pro Kapitalismus): Ich bin fest davon überzeugt, dass der Kapitalismus die bessere Grundlage für Gerechtigkeit und Freiheit bietet, Sophie. Der Kapitalismus schafft Anreize für Innovation und harte Arbeit, und jeder hat die Chance, erfolgreich zu sein, wenn er sich anstrengt. Ja, es gibt Ungleichheiten, aber im Kommunismus gibt es nur Gleichheit im Elend, wie wir bei Stalin, Mao oder Pol Pot gesehen haben.

Lukas (Pro Capitalism): I firmly believe that capitalism provides a better foundation for justice and freedom, Sophie. Capitalism creates incentives for innovation and hard work, and everyone has the chance to succeed if they work hard. Yes, there are inequalities, but in communism, there's only equality in misery, as we saw under Stalin, Mao, or Pol Pot.

Sophie (Pro Kommunismus): Aber Lukas, der Kapitalismus mag Chancen bieten, aber er führt auch zu massiver Ausbeutung. Reiche Konzerne profitieren auf Kosten der Arbeiter, die oft in prekären Verhältnissen leben. Im Kapitalismus hat nicht jeder die gleichen Startbedingungen, und die Schere zwischen Arm und Reich wird immer größer. Im Kommunismus geht es darum, diese Ungleichheit zu beseitigen und Ressourcen gerechter zu verteilen.

Sophie (Pro Communism): But Lukas, capitalism may offer opportunities, but it also leads to massive exploitation. Wealthy corporations profit at the expense of workers who often live in precarious conditions. In capitalism, not everyone starts from the same place, and the gap between rich and poor keeps growing. Communism aims to eliminate this inequality and distribute resources more fairly.

Lukas: Ja, aber der Preis, den der Kommunismus dafür zahlt, ist viel zu hoch. Schau dir die Verbrechen von Stalin oder Mao an — Millionen von Menschen sind gestorben, weil das System versucht hat, eine Gleichheit zu erzwingen, die nicht realistisch ist. Der Kommunismus funktioniert nur in der Theorie. In der Praxis führt er immer zu Diktatur und Unterdrückung. Es gibt keine Freiheit, und ohne Freiheit gibt es auch keine echte Gerechtigkeit.

Lukas: Yes, but the price communism pays for that is far too high. Look at the crimes of Stalin or Mao – millions of people died because the system tried to enforce equality that isn't realistic. Communism only works in theory. In practice, it always leads to dictatorship and oppression. There is no freedom, and without freedom, there's no real justice.

Sophie: Die Verbrechen unter Stalin und Mao sind unbestreitbar, aber das waren extremistische Auswüchse, keine echten kommunistischen Ideale. Das Problem liegt darin, wie die Macht in diesen Regimen missbraucht wurde. Der Kapitalismus hingegen führt systematisch zu Ungleichheit. Selbst in demokratischen Ländern siehst du, wie Menschen in Armut gefangen bleiben, während eine kleine Elite immer reicher wird. Das ist auch eine Form von Gewalt – wirtschaftliche Gewalt.

Sophie: The crimes under Stalin and Mao are undeniable, but those were extremist distortions, not true communist ideals. The problem lies in how power was abused in those regimes. Capitalism, on the other hand, systematically leads to inequality. Even in democratic countries, you see people trapped in poverty while a small elite keeps getting richer. That is also a form of violence – economic violence.

Lukas: Aber im Kapitalismus gibt es zumindest die Möglichkeit, dass sich jeder hocharbeiten kann. Es gibt Beispiele von Menschen, die aus ärmsten Verhältnissen zu Millionären wurden. Im Kommunismus wird jedem die gleiche Armut aufgezwungen, und es gibt keine Anreize, sich zu verbessern. Der Mensch braucht die Freiheit, seinen eigenen Weg zu gehen, und der Kapitalismus bietet diese Freiheit.

Lukas: But in capitalism, at least there's the possibility for anyone to work their way up. There are examples of people rising from poverty to become millionaires. In communism, everyone is forced into the same poverty, and there are no incentives to improve. People need the freedom to forge their own path, and capitalism provides that freedom.

Sophie: Das mag für einige wenige Menschen gelten, aber der Großteil bleibt trotzdem in Armut gefangen. Der Kapitalismus belohnt diejenigen, die bereits Macht und Ressourcen haben, und hält die anderen unten. Es ist ein System, das auf Ausbeutung basiert – sowohl von Menschen als auch von der Natur. Im Kommunismus hingegen sollen die Mittel fair verteilt werden, und jeder sollte nach seinen Fähigkeiten und Bedürfnissen leben.

Sophie: That may apply to a few people, but the majority still remain trapped in poverty. Capitalism rewards those who already have power and resources, keeping others down. It's a system based on exploitation – of both people and nature. Communism, on the other hand, aims to distribute resources fairly, with everyone living according to their abilities and needs.

Lukas: Aber wer entscheidet im Kommunismus, was „fair" ist? Am Ende ist es immer eine kleine Gruppe, die die Macht in der Hand hält und entscheidet, wer was bekommt. Das führt zu Korruption und Missbrauch. Im Kapitalismus gibt es zumindest Wettbewerb und Marktwirtschaft, die für einen Ausgleich sorgen. Wenn ein Unternehmen zu viel Macht hat, kann ein anderes aufsteigen und es herausfordern. Diese Dynamik fehlt im Kommunismus völlig.

Lukas: But who decides in communism what's "fair"? In the end, it's always a small group holding the power and deciding who gets what. That leads to corruption and abuse. In capitalism, at least there's competition and a market that provides balance. If one company gets too powerful, another can rise and challenge it. That dynamic is completely missing in communism.

Sophie: It's true that abuse of power was a problem in communism, but that was often due to a lack of democracy in those regimes. A true communism, democratically organized, could solve these problems. Capitalism, on the other hand, systematically promotes injustice. Multinational corporations have too much power, exploiting workers in developing countries, paying starvation wages, and destroying the environment. That's just as bad as the crimes of communist regimes.

Lukas: Der Kapitalismus ist nicht perfekt, aber er gibt den Menschen Freiheit – die Freiheit, zu wählen, wo sie arbeiten, was sie kaufen und wie sie leben wollen. Im Kommunismus gibt es diese Wahl nicht. Der Staat entscheidet für dich, und das führt immer zu einer Unterdrückung der individuellen Freiheit. Außerdem fördert der Kapitalismus Innovation und Fortschritt. Viele der Technologien, die unser Leben verbessern, wären ohne den Wettbewerb des Marktes nie entstanden.

Lukas: Capitalism isn't perfect, but it gives people freedom—the freedom to choose where they work, what they buy, and how they want to live. In communism, this choice doesn't exist. The state decides for you, and that always leads to the suppression of individual freedom. Capitalism also fosters innovation and progress. Many of the technologies that improve our lives wouldn't exist without market competition.

Sophie: Aber um welchen Preis, Lukas? Der Kapitalismus fördert zwar Innovation, aber er sorgt auch dafür, dass diese Innovationen nicht allen zugutekommen. Die reichen Länder profitieren, während ärmere Nationen zurückbleiben. Die Ungleichheit nimmt weltweit zu. Der Kommunismus mag nicht das perfekte System sein, aber er strebt danach, diese Ungerechtigkeiten zu beseitigen und eine gerechtere Welt zu schaffen.

Sophie: But at what cost, Lukas? Capitalism might promote innovation, but it also ensures that these innovations don't benefit everyone. The rich countries profit while poorer nations fall behind. Inequality is growing globally. Communism may not be the perfect system, but it aims to eliminate these injustices and create a fairer world.

Lukas: Der Kommunismus strebt danach, aber in der Praxis hat er immer versagt. Schau dir Länder wie Kuba an – das System hat das Land wirtschaftlich ruiniert. Die Menschen haben dort keine Freiheit, und die Wirtschaft liegt am Boden. Der Kapitalismus bietet die Möglichkeit für Wohlstand und Wachstum. Natürlich müssen wir auch hier die Ungleichheit bekämpfen, aber das bedeutet nicht, dass das ganze System schlecht ist.

Lukas: Communism aims for that, but in practice, it has always failed. Look at countries like Cuba—the system has economically ruined the country. People there have no freedom, and the economy is in shambles. Capitalism offers the possibility for prosperity and growth. Of course, we need to fight inequality here too, but that doesn't mean the whole system is bad.

Sophie: Kuba hat viele Probleme, aber gleichzeitig gibt es dort Dinge, die besser funktionieren als in kapitalistischen Ländern – zum Beispiel das Gesundheitssystem und die Bildung. Im Kapitalismus bleiben diese grundlegenden Rechte oft denen vorbehalten, die es sich leisten können. Der Kapitalismus schafft Eliten, die immer reicher werden, während die meisten Menschen um das Nötigste kämpfen müssen.

Sophie: Cuba has many problems, but at the same time, there are things that work better there than in capitalist countries—like healthcare and education. In capitalism, these basic rights are often reserved for those who can afford them. Capitalism creates elites who keep getting richer, while most people struggle for the bare necessities.

Lukas: Aber im Kapitalismus haben die Menschen zumindest die Möglichkeit, sich aus dieser Situation zu befreien. Im Kommunismus wird jeder gleichgestellt, aber das bedeutet nur, dass alle gleich arm sind. Es gibt keine Freiheit, keine Motivation und keinen Wettbewerb. Das führt zu Stagnation und letztlich zu Diktaturen, wie wir es in allen kommunistischen Ländern gesehen haben.

Lukas: But in capitalism, at least people have the opportunity to free themselves from this situation. In communism, everyone is equal, but that just means everyone is equally poor. There's no freedom, no motivation, and no competition. That leads to stagnation and, ultimately, dictatorships, as we've seen in all communist countries.

Sophie: Aber Freiheit ohne soziale Gerechtigkeit ist auch nichts wert. Was bringt es, wenn du die Freiheit hast, dich „hocharbeiten" zu können, aber die Struktur des Systems es fast unmöglich macht? Der Kapitalismus fördert systematisch die Ausbeutung der Schwächsten. Der Kommunismus mag schwer umsetzbar sein, aber er hat zumindest das Ziel, echte Gleichheit zu schaffen.

Sophie: But freedom without social justice is also worthless. What's the point of having the freedom to "work your way up" if the system's structure makes it nearly impossible? Capitalism systematically promotes the exploitation of the weakest. Communism may be hard to implement, but at least its goal is to create true equality.

Lukas: Das Ziel mag edel klingen, aber die Realität zeigt, dass der Kommunismus nicht funktioniert. Die menschliche Natur strebt nach Freiheit und Individualität. Der Kapitalismus, mit all seinen Fehlern, ermöglicht diese Freiheit und bietet eine bessere Grundlage für Innovation und Wohlstand. Was wir brauchen, ist ein Kapitalismus mit mehr sozialer Verantwortung, nicht ein System, das die Freiheit opfert.

Lukas: The goal may sound noble, but reality shows that communism doesn't work. Human nature seeks freedom and individuality. Capitalism, with all its flaws, allows for this freedom and provides a better foundation for innovation and prosperity. What we need is capitalism with more social responsibility, not a system that sacrifices freedom.

Sophie: Vielleicht brauchen wir eine Mischung aus beiden Systemen – einen Kapitalismus, der reguliert wird, um die schlimmsten Auswüchse der Ungleichheit zu verhindern, und eine Gesellschaft, die sich mehr um kollektive Verantwortung und Solidarität kümmert. Aber der reine Kapitalismus, so wie er heute existiert, schafft mehr Probleme, als er löst.

Sophie: Maybe we need a mix of both systems—a capitalism that is regulated to prevent the worst extremes of inequality and a society that cares more about collective responsibility and solidarity. But pure capitalism, as it exists today, creates more problems than it solves.

Lukas: Da stimme ich dir zu, dass wir mehr Regulierung und soziale Verantwortung brauchen. Aber am Ende ist der Kapitalismus das System, das den Menschen die Freiheit gibt, ihr Leben selbst zu gestalten. Der Kommunismus hat gezeigt, dass er diese Freiheit nicht bieten kann, und ohne Freiheit gibt es keine echte Gerechtigkeit.

Lukas: I agree with you that we need more regulation and social responsibility. But in the end, capitalism is the system that gives people the freedom to shape their own lives. Communism has shown that it can't provide that freedom, and without freedom, there's no real justice.

Pressefreiheit vs. nationale Sicherheit: Wie viel sollte die Presse preisgeben dürfen?

Hannah (Pro Pressefreiheit): Ich glaube, dass die Presse so viel wie möglich veröffentlichen sollte, Lukas. Eine freie Presse ist der Grundpfeiler einer funktionierenden Demokratie. Wenn die Regierung anfängt zu bestimmen, was veröffentlicht werden darf und was nicht, geraten wir schnell in gefährliches Fahrwasser. Transparenz ist der Schlüssel, um Machtmissbrauch zu verhindern.

Hannah: I believe that the press should publish as much as possible, Lukas. A free press is the cornerstone of a functioning democracy. When the government starts deciding what can and cannot be published, we quickly enter dangerous territory. Transparency is key to preventing abuse of power.

Lukas (Pro nationale Sicherheit): Das sehe ich anders, Hannah. Natürlich ist Pressefreiheit wichtig, aber es gibt sensible Informationen, die die nationale Sicherheit gefährden können. Wenn Journalisten alles unkontrolliert veröffentlichen, könnten sie das Leben von Soldaten gefährden, verdeckte Operationen aufdecken oder Terroristen wertvolle Informationen liefern. Es muss klare Grenzen geben.

Lukas: I see it differently, Hannah. Of course, press freedom is important, but there is sensitive information that can endanger national security. If journalists publish everything without control, they could jeopardize soldiers' lives, expose covert operations, or provide terrorists with valuable information. There must be clear limits.

Hannah: Aber wenn die Regierung entscheidet, was „sensible Informationen" sind, öffnet das die Tür zu Zensur. Unter dem Deckmantel der „nationalen Sicherheit" könnten Informationen zurückgehalten werden, die die Öffentlichkeit wissen sollte – Korruption, Machtmissbrauch oder illegale Aktivitäten. Wer garantiert uns, dass die Regierung diese Macht nicht missbraucht?

Hannah: But when the government decides what "sensitive information" is, it opens the door to censorship. Under the guise of "national security," information that the public should know—corruption, abuse of power, or illegal activities—could be withheld. Who guarantees that the government won't misuse this power?

Lukas: Ich verstehe deine Sorge, aber Sicherheit muss manchmal Vorrang haben. Es gibt Informationen, die, wenn sie veröffentlicht werden, die Sicherheit eines ganzen Landes gefährden könnten. Die Presse hat eine Verantwortung, hier mit Bedacht vorzugehen. Nicht alles muss sofort öffentlich gemacht werden, vor allem wenn Menschenleben auf dem Spiel stehen.

Lukas: I understand your concern, but sometimes security must take priority. There is information that, if released, could endanger the security of an entire country. The press has a responsibility to act carefully. Not everything needs to be made public immediately, especially when lives are at stake.

Hannah: Das Problem ist, dass die Definition von „Gefahr" oft sehr subjektiv ist. Die Regierung könnte leicht behaupten, dass fast jede kritische Berichterstattung eine Bedrohung für die nationale Sicherheit darstellt. Wir haben das in vielen autoritären Staaten gesehen, wo Regierungen die Pressefreiheit massiv einschränken, um sich selbst zu schützen. Wir dürfen nicht zulassen, dass solche Tendenzen in demokratischen Ländern Fuß fassen.

Hannah: The problem is that the definition of "danger" is often very subjective. The government could easily claim that almost any critical reporting poses a threat to national security. We've seen this in many authoritarian states, where governments severely restrict press freedom to protect themselves. We can't let such tendencies take root in democratic countries.

Lukas: Aber es gibt doch auch in demokratischen Ländern Mechanismen, um Zensur zu verhindern. Es geht nicht darum, die

Presse mundtot zu machen, sondern darum, sensible Informationen zurückzuhalten, die wirklich die nationale Sicherheit betreffen. Wir müssen einen Weg finden, um sowohl Transparenz als auch Sicherheit zu gewährleisten. Aber totale Freiheit für die Presse kann gefährlich sein.

Lukas: But there are mechanisms in democratic countries to prevent censorship. It's not about silencing the press, but about withholding sensitive information that truly impacts national security. We need to find a way to ensure both transparency and security. Total freedom for the press can be dangerous.

Hannah: Ich denke, totale Freiheit ist besser als zu viel Kontrolle. Wenn wir der Presse zu enge Grenzen setzen, verlieren wir die kritische Stimme, die wir brauchen, um Regierungen zur Rechenschaft zu ziehen. Skandale wie Watergate wären nie ans Licht gekommen, wenn die Presse sich aus Angst vor „nationaler Sicherheit" zurückgehalten hätte. Transparenz schützt die Demokratie.

Hannah: I think total freedom is better than too much control. If we set too many limits on the press, we lose the critical voice needed to hold governments accountable. Scandals like Watergate would never have come to light if the press had held back out of fear of "national security." Transparency protects democracy.

Lukas: Aber wo ziehen wir die Grenze, Hannah? Was ist, wenn die Veröffentlichung von Informationen eine laufende militärische Operation gefährdet oder geheime Abkommen zwischen Staaten enthüllt, die zum Schutz der Bevölkerung getroffen wurden? In solchen Fällen ist es doch besser, bestimmte Informationen zurückzuhalten, um Schaden zu vermeiden. Pressefreiheit darf nicht auf Kosten der Sicherheit gehen.

Lukas: But where do we draw the line, Hannah? What if releasing information jeopardizes an ongoing military operation or exposes secret agreements made to protect the population? In such cases, it's better to withhold certain information to avoid harm. Press freedom shouldn't come at the expense of security.

Hannah: Das ist ein schwieriger Balanceakt, aber die Presse muss frei genug sein, um selbst zu entscheiden, was veröffentlicht werden sollte. Natürlich muss sie dabei verantwortungsvoll handeln, aber wir können nicht der Regierung die Macht geben, diese Entscheidungen zu treffen. Wenn Informationen unterdrückt werden, weil sie unbequem sind, verliert die Presse ihre Unabhängigkeit und die Demokratie leidet.

Hannah: That's a difficult balance, but the press needs enough freedom to decide for itself what should be published. Of course, it must act responsibly, but we can't give the government the power to make those decisions. If information is suppressed because it's inconvenient, the press loses its independence, and democracy suffers.

Lukas: Aber du vertraust darauf, dass die Presse immer verantwortungsvoll handelt. Was, wenn das nicht der Fall ist? Sensationsgier kann manchmal über das Verantwortungsbewusstsein siegen. Journalisten könnten Informationen veröffentlichen, nur um Schlagzeilen zu machen, ohne die Konsequenzen vollständig zu bedenken. In solchen Fällen brauchen wir Regeln, um die nationale Sicherheit zu schützen.

Lukas: But you trust that the press will always act responsibly. What if that's not the case? Sensationalism can sometimes override responsibility. Journalists might publish information just to make headlines, without fully considering the consequences. In such cases, we need rules to protect national security.

Hannah: Sicher, es gibt auch in der Presse Fehler, aber die Alternative – dass die Regierung entscheidet, was wir erfahren dürfen – ist noch gefährlicher. Wir brauchen eine freie Presse, die unabhängig genug ist, um die Mächtigen zu hinterfragen, ohne

Angst vor Repressalien zu haben. Nationale Sicherheit darf nicht als Vorwand dienen, um kritische Berichterstattung zu verhindern.

Hannah: Sure, there are mistakes in the press, but the alternative—having the government decide what we're allowed to know—is even more dangerous. We need a free press that is independent enough to question those in power without fear of retaliation. National security shouldn't be used as an excuse to prevent critical reporting.

Lukas: Ich stimme dir zu, dass die Presse unabhängig bleiben muss, aber ich glaube, dass es Situationen gibt, in denen die nationale Sicherheit Vorrang haben muss. Wenn Menschenleben gefährdet sind, sollte die Presse zurückhaltender sein. Es geht nicht darum, die Pressefreiheit abzuschaffen, sondern darum, verantwortungsvoll mit Informationen umzugehen, die schwerwiegende Konsequenzen haben könnten.

Lukas: I agree that the press must remain independent, but I believe there are situations where national security must take precedence. If lives are at risk, the press should be more cautious. It's not about abolishing press freedom, but about handling information responsibly when it could have serious consequences.

Hannah: Die Presse hat bereits Mechanismen, um verantwortungsvoll zu handeln. Sie arbeitet oft mit Regierungen zusammen, um sicherzustellen, dass keine wirklich sensiblen Informationen veröffentlicht werden, die Leben gefährden. Aber wenn wir zu viel Kontrolle zulassen, riskieren wir, dass die Presse nur noch das berichtet, was der Regierung gefällt – und das wäre das Ende einer freien und offenen Gesellschaft.

Hannah: The press already has mechanisms to act responsibly. It often works with governments to ensure that truly sensitive information that could endanger lives is not published. But if we allow too much control, we risk the press only reporting what pleases the government—and that would be the end of a free and open society.

Lukas: Es muss also ein Mittelweg gefunden werden. Die Presse sollte frei berichten können, aber sie muss auch Rücksicht auf die nationale Sicherheit nehmen. Beide Seiten haben eine Verantwortung, die gewahrt werden muss. Ich denke, Transparenz ist wichtig, aber Sicherheit darf nicht völlig ignoriert werden.

Lukas: So, a middle ground must be found. The press should be able to report freely, but it also has to consider national security. Both sides have responsibilities that need to be upheld. I think transparency is important, but security shouldn't be completely ignored.

Hannah: Ja, ein Mittelweg ist sicherlich notwendig, aber der Schwerpunkt sollte auf der Pressefreiheit liegen. Ohne sie gibt es keine echte Kontrolle über die Regierung, und das könnte langfristig mehr Schaden anrichten als der Schutz der nationalen Sicherheit.

Hannah: Yes, a middle ground is certainly necessary, but the focus should be on press freedom. Without it, there is no real control over the government, and that could cause more harm in the long term than the protection of national security.

Lukas: Da hast du recht, aber wir dürfen die Risiken nicht unterschätzen. Ein freies Land braucht eine freie Presse, aber es braucht auch Sicherheit. Es ist eine schwierige Balance, die wir bewahren müssen.

Lukas: You're right about that, but we can't underestimate the risks. A free country needs a free press, but it also needs security. It's a difficult balance that we have to maintain.

Assistierter Suizid: Sollten Menschen das Recht haben, ihr Leben mit medizinischer Hilfe zu beenden?

Klara (Pro assistierter Suizid): Ich finde, Menschen sollten das Recht haben, ihr Leben zu beenden, wenn sie unter unerträglichem Leid oder einer unheilbaren Krankheit leiden, Jonas. Niemand sollte gezwungen sein, ein Leben voller Schmerzen zu führen, wenn er sich bewusst dafür entscheidet, friedlich zu gehen. Es ist eine Frage der Selbstbestimmung und der Menschenwürde.

Klara (Pro assisted suicide): I believe people should have the right to end their lives if they are suffering from unbearable pain or an incurable disease, Jonas. No one should be forced to live a life full of pain if they consciously choose to leave peacefully. It's a matter of self-determination and human dignity.

Jonas (Kontra assistierter Suizid): Aber Klara, ist es wirklich so einfach? Das Leben ist wertvoll, und wir sollten alles tun, um es zu schützen. Wenn wir Menschen die Möglichkeit geben, ihr Leben zu beenden, öffnen wir die Tür zu Missbrauch und gesellschaftlichem Druck. Wer garantiert, dass jemand nicht aus Verzweiflung oder wegen äußerem Druck aufgibt, obwohl es vielleicht andere Lösungen gäbe?

Jonas (Against assisted suicide): But Klara, is it really that simple? Life is valuable, and we should do everything to protect it. If we allow people to end their lives, we open the door to abuse and societal pressure. Who guarantees that someone isn't giving up out of despair or external pressure, when there might be other solutions?

Klara: Ich stimme dir zu, dass das Leben wertvoll ist, aber es ist doch auch die Entscheidung jedes Einzelnen, ob er unter den gegebenen Umständen weiterleben möchte. In vielen Fällen, wie bei unheilbaren Krankheiten, gibt es keine Heilung und nur noch Leiden. Warum sollten wir diese Menschen zwingen, weiterzuleben, wenn sie keine Lebensqualität mehr haben und selbstbestimmt sterben möchten?

Klara: I agree that life is valuable, but it's also up to each person to decide whether they want to continue living under the given circumstances. In many cases, such as incurable diseases, there is no cure and only suffering. Why should we force these people to continue living if they have no quality of life and wish to die on their own terms?

Jonas: Aber das Problem ist, dass der assistierte Suizid nicht immer eine „freie" Entscheidung ist. Manche Menschen fühlen sich vielleicht unter Druck gesetzt, weil sie nicht zur Last fallen wollen, oder weil sie den Eindruck haben, dass ihre Familie es so will. Wie können wir sicherstellen, dass die Entscheidung wirklich selbstbestimmt und nicht durch äußere Faktoren beeinflusst ist?

Jonas: But the problem is that assisted suicide isn't always a "free" decision. Some people might feel pressured because they don't want to be a burden, or because they think that's what their family wants. How can we ensure that the decision is truly self-determined and not influenced by external factors?

Klara: Natürlich müssen wir sicherstellen, dass die Entscheidung frei und gut durchdacht ist. Deswegen gibt es in Ländern, die assistierten Suizid erlauben, strenge gesetzliche Regelungen und psychologische Gutachten, um genau das zu gewährleisten. Es geht nicht darum, Menschen leichtfertig sterben zu lassen, sondern denen zu helfen, die wirklich keinen anderen Ausweg mehr sehen und bewusst entscheiden.

Klara: Of course, we must ensure that the decision is free and well thought out. That's why countries that allow assisted suicide have strict legal regulations and psychological evaluations to ensure exactly that. It's not about letting people die lightly, but about helping those who truly see no other way out and make a conscious decision.

Jonas: Aber selbst mit strengen Regelungen bleibt die Gefahr des Missbrauchs. Was ist, wenn alte oder kranke Menschen sich unter Druck gesetzt fühlen, weil sie denken, sie seien eine Last für ihre Familie oder die Gesellschaft? Wir könnten in eine Situation geraten, in der der Wert des Lebens von äußeren Umständen bestimmt wird, und das ist gefährlich.

Jonas: But even with strict regulations, the risk of abuse remains. What if elderly or sick people feel pressured because they think they're a burden to their family or society? We could end up in a situation where the value of life is determined by external circumstances, and that's dangerous.

Klara: Ich verstehe diese Bedenken, aber wir sollten das Recht des Einzelnen auf Selbstbestimmung nicht unterschätzen. Jeder Mensch sollte die Freiheit haben, über sein eigenes Leben und seinen eigenen Tod zu entscheiden. Es geht hier nicht um gesellschaftlichen Druck, sondern um die Würde des Einzelnen. Wenn jemand nach intensiver Reflexion und Beratung entscheidet, dass er nicht weiterleben möchte, sollte man diese Entscheidung respektieren.

Klara: I understand these concerns, but we should not underestimate an individual's right to self-determination. Everyone should have the freedom to decide over their own life and death. This is not about societal pressure, but about individual dignity. If someone decides, after intense reflection and counseling, that they no longer wish to live, we should respect that decision.

Jonas: Aber wir müssen auch bedenken, dass Menschen in Krisensituationen oft nicht klar denken können. Viele, die einmal über Suizid nachgedacht haben, ändern ihre Meinung später und sind froh, dass sie weitergelebt haben. Wenn wir assistierten Suizid erlauben, nehmen wir vielleicht die Chance weg, dass Menschen durch Unterstützung und Therapie wieder Lebensmut finden.

Jonas: But we also have to consider that people in crisis situations often can't think clearly. Many who once thought about suicide later change their minds and are glad they continued living. If we allow assisted suicide, we might take away the chance for people to find hope again through support and therapy.

Klara: Natürlich sollte niemand zu einer vorschnellen Entscheidung gedrängt werden, und deshalb gibt es ja auch umfassende Beratungsangebote. Aber für manche Menschen gibt es einfach keine Aussicht auf Besserung. Menschen mit schweren Krankheiten, die nur noch Schmerzen ertragen, sollten nicht gezwungen sein, diese Qualen bis zum bitteren Ende zu ertragen. Das ist für mich keine humane Lösung.

Klara: Of course, no one should be rushed into a hasty decision, and that's why there are comprehensive counseling services. But for some people, there is simply no hope for improvement. People with severe illnesses who endure nothing but pain should not be forced to suffer these agonies to the bitter end. To me, that's not a humane solution.

Jonas: Es ist aber auch keine humane Lösung, den Wert des Lebens so stark an Leid oder Lebensqualität zu messen. Das Leben hat einen inhärenten Wert, und ich glaube, dass wir immer versuchen sollten, Lösungen zu finden, die das Leben erhalten, anstatt den Tod zu erleichtern. Der Fokus sollte auf Palliativpflege liegen, nicht auf dem Assistieren beim Tod.

Jonas: But it's also not a humane solution to measure the value of life so strongly by suffering or quality of life. Life has inherent value, and I believe we should always try to find solutions that preserve life, rather than making death easier. The focus should be on palliative care, not assisting death.

Klara: Palliativpflege ist wichtig, aber sie kann nicht immer das Leid lindern, das manche Menschen empfinden. Für viele ist der Tod der einzige Weg, um das Leiden zu beenden. Wenn wir

Menschen die Kontrolle über ihr Leben geben, sollte das auch das Recht einschließen, ihr Leben in Würde zu beenden, wenn es keine andere Lösung mehr gibt.

Klara: Palliative care is important, but it can't always alleviate the suffering that some people experience. For many, death is the only way to end the suffering. If we give people control over their lives, that should also include the right to end their life with dignity when there's no other solution left.

Jonas: Aber wer entscheidet, wann „keine andere Lösung" mehr da ist? Es gibt immer Hoffnung, und die Medizin entwickelt sich ständig weiter. Außerdem ist es schwer zu beurteilen, ob ein Mensch in einem bestimmten Moment wirklich in der Lage ist, so eine endgültige Entscheidung zu treffen. Ein Ja zum assistierten Suizid könnte Menschen in verzweifelten Situationen dazu verleiten, eine Entscheidung zu treffen, die sie in einem anderen Moment vielleicht anders sehen würden.

Jonas: But who decides when there's "no other solution" left? There's always hope, and medicine is constantly evolving. Also, it's hard to judge whether someone is truly capable of making such a final decision at any given moment. A yes to assisted suicide could lead people in desperate situations to make a decision they might see differently at another time.

Klara: Genau deshalb sind die Verfahren so streng. Es geht nicht um spontane Entscheidungen, sondern um einen durchdachten, langfristigen Prozess, der von Ärzten und Psychologen begleitet wird. Der Tod ist nicht die erste Option, sondern die letzte, wenn alle anderen Wege erschöpft sind. Jeder Mensch sollte das Recht haben, selbst zu entscheiden, wann sein Leid zu groß geworden ist.

Klara: That's exactly why the procedures are so strict. It's not about spontaneous decisions, but about a thoughtful, long-term process accompanied by doctors and psychologists. Death is not the first option, but the last, when all other avenues have been exhausted.

Every person should have the right to decide for themselves when their suffering has become too great.

Jonas: Trotzdem bleibt die Frage, ob wir als Gesellschaft den assistierten Suizid fördern sollten. Es könnte das Signal senden, dass es in Ordnung ist, aufzugeben, wenn das Leben zu schwierig wird. Ich fürchte, das würde die Einstellung zum Leben insgesamt verändern. Der Fokus sollte immer auf dem Erhalt des Lebens und der Hoffnung liegen, nicht auf der Erleichterung des Todes.

Jonas: Still, the question remains whether we as a society should encourage assisted suicide. It could send the message that it's okay to give up when life gets too hard. I fear that could change our overall attitude towards life. The focus should always be on preserving life and hope, not on making death easier.

Klara: Es geht nicht darum, das Leben zu entwerten, sondern darum, die Würde des Einzelnen zu achten. Niemand möchte, dass Menschen einfach aufgeben, aber wir sollten akzeptieren, dass es Fälle gibt, in denen das Leben für jemanden unerträglich wird. In diesen Fällen sollten wir nicht urteilen, sondern Unterstützung anbieten – auch wenn das bedeutet, einen friedlichen Tod zu ermöglichen.

Klara: It's not about devaluing life, but about respecting the dignity of the individual. No one wants people to simply give up, but we should accept that there are cases where life becomes unbearable for someone. In those cases, we shouldn't judge but offer support – even if that means allowing a peaceful death.

Jonas: Das verstehe ich, aber ich glaube, dass wir als Gesellschaft alles tun sollten, um das Leben zu schützen. Der Tod ist endgültig, und es gibt keine Möglichkeit, eine solche Entscheidung rückgängig zu machen. Wir sollten mit größter Vorsicht an dieses Thema herangehen und sicherstellen, dass der Fokus immer darauf liegt, Hoffnung und Leben zu bewahren.

Jonas: I understand that, but I believe we as a society should do everything to protect life. Death is final, and there's no way to undo such a decision. We should approach this issue with the utmost caution and ensure that the focus is always on preserving hope and life.

Klara: Da stimme ich dir zu – Vorsicht ist notwendig. Aber das bedeutet nicht, dass wir das Recht auf einen selbstbestimmten Tod grundsätzlich verweigern sollten. Jeder Mensch verdient es, in Würde zu leben – und in manchen Fällen bedeutet das auch, in Würde zu sterben.

Klara: I agree with you – caution is necessary. But that doesn't mean we should fundamentally deny the right to a self-determined death. Every person deserves to live with dignity – and in some cases, that also means dying with dignity.

Bedingungsloses Grundeinkommen: Kann es eine Lösung für Armut sein oder fördert es Faulheit?

Maria (Pro Grundeinkommen): Ich glaube fest daran, dass ein bedingungsloses Grundeinkommen eine Lösung für viele Probleme sein könnte, Max. Es würde den Menschen die Sicherheit geben, ihre Grundbedürfnisse zu decken, ohne sich ständig Sorgen um Miete und Essen machen zu müssen. Das würde nicht nur Armut reduzieren, sondern auch mehr Freiheit und Kreativität fördern.

Maria: I firmly believe that a universal basic income could be a solution to many problems, Max. It would give people the security of meeting their basic needs without constantly worrying about rent and food. This would not only reduce poverty but also promote more freedom and creativity.

Max (Contra Grundeinkommen): Ich bin skeptisch, Maria. Ein bedingungsloses Grundeinkommen klingt auf dem Papier gut, aber in der Realität könnte es dazu führen, dass die Leute faul werden. Wenn jeder Geld bekommt, ohne dafür arbeiten zu müssen, warum sollten Menschen dann noch motiviert sein, sich anzustrengen? Das könnte der Wirtschaft schaden, wenn die Leute einfach aufhören, produktiv zu sein.

Max: I'm skeptical, Maria. A universal basic income sounds good on paper, but in reality, it could lead to people becoming lazy. If everyone gets money without having to work for it, why would people still be motivated to work hard? It could harm the economy if people simply stop being productive.

Maria: Aber Max, Studien aus Pilotprojekten zeigen, dass die meisten Menschen nicht aufhören zu arbeiten, nur weil sie ein Grundeinkommen erhalten. Im Gegenteil, es gibt ihnen die Freiheit, Jobs zu finden, die sie wirklich erfüllen, anstatt in schlecht bezahlten, ausbeuterischen Jobs festzustecken. Außerdem könnten Menschen endlich ihre Träume verfolgen, ohne Angst vor finanziellem Ruin zu haben.

Maria: But Max, studies from pilot projects show that most people don't stop working just because they receive a basic income. On the contrary, it gives them the freedom to find jobs that truly fulfill them, rather than being stuck in low-paid, exploitative jobs. Additionally, people could finally pursue their dreams without fear of financial ruin.

Max: Das mag in einigen Fällen so sein, aber nicht jeder wird diese Freiheit so nutzen. Es gibt genug Leute, die sich einfach zurücklehnen und das Geld kassieren würden. Und wer zahlt das alles? Die Finanzierung eines bedingungslosen Grundeinkommens wäre unglaublich teuer, und am Ende müssten die arbeitenden Menschen die Last tragen, um das System zu finanzieren. Das ist doch unfair.

Max: That may be true in some cases, but not everyone will use this freedom in that way. There are plenty of people who would just sit back and collect the money. And who's going to pay for all of this? Funding a universal basic income would be incredibly expensive, and in the end, working people would have to bear the burden to finance the system. That's unfair.

Maria: Die Finanzierung ist sicher eine Herausforderung, aber es gibt Modelle, die zeigen, dass es machbar ist, zum Beispiel durch eine Reform des Steuersystems oder eine Umverteilung von bestehenden Sozialleistungen. Außerdem: Wenn die Menschen ein Grundeinkommen haben, könnten viele der sozialen Probleme, die heute viel Geld kosten, verringert werden — von Gesundheitsproblemen bis hin zur Kriminalität. Das Grundeinkommen könnte langfristig sogar Geld sparen.

Maria: Financing is definitely a challenge, but there are models that show it's feasible, for example through tax reforms or reallocating existing social benefits. Additionally, if people have a basic income, many of the social problems that cost a lot of money today, like health issues or crime, could be reduced. In the long run, a basic income could even save money.

Max: Aber du kannst doch nicht garantieren, dass das funktioniert. Es ist ein massives soziales Experiment, und wenn es schiefgeht, könnte es die gesamte Wirtschaft destabilisieren. Was passiert, wenn die Preise für Waren und Dienstleistungen steigen, weil die Leute mehr Geld haben? Oder wenn Unternehmen die Löhne senken, weil sie wissen, dass die Leute schon ein Grundeinkommen bekommen?

Max: But you can't guarantee that it will work. It's a massive social experiment, and if it fails, it could destabilize the entire economy. What happens if prices for goods and services rise because people have more money? Or if companies lower wages because they know people are already receiving a basic income?

Maria: Das sind berechtigte Bedenken, aber solche Probleme ließen sich durch Regulierung und eine clevere Implementierung vermeiden. Ein Grundeinkommen würde den Menschen nicht nur mehr finanzielle Sicherheit geben, sondern auch den Arbeitsmarkt flexibler machen. Leute könnten sich weiterbilden oder neue Geschäftsideen entwickeln, ohne die ständige Angst, bankrottzugehen. Das würde die Wirtschaft auf lange Sicht stärken.

Maria: Those are valid concerns, but such problems could be avoided through regulation and smart implementation. A basic income would not only provide people with more financial security but also make the job market more flexible. People could further their education or develop new business ideas without the constant fear of going bankrupt. This would strengthen the economy in the long run.

Max: Aber das könnte auch dazu führen, dass die Menschen sich weniger anstrengen. Ein Teil der Motivation im Arbeitsleben ist doch, dass man für seinen Lebensunterhalt arbeiten muss. Wenn diese Notwendigkeit wegfällt, verlieren wir vielleicht den Anreiz, innovativ und produktiv zu sein. Es könnte dazu führen, dass die

Leute weniger ehrgeizig sind, und das könnte langfristig die Wettbewerbsfähigkeit unserer Wirtschaft beeinträchtigen.

Max: But that could also lead people to put in less effort. Part of the motivation in working life is that you have to work to make a living. If that necessity disappears, we might lose the drive to be innovative and productive. It could lead to people being less ambitious, and that could hurt the competitiveness of our economy in the long term.

Maria: Ich glaube nicht, dass Menschen von Natur aus faul sind. Wenn sie ihre Grundbedürfnisse gedeckt haben, suchen sie sich andere Wege, um sich zu verwirklichen. Viele Menschen wollen arbeiten, um etwas zu erreichen, nicht nur, um zu überleben. Ein Grundeinkommen könnte den Druck nehmen und es den Menschen ermöglichen, Jobs zu wählen, die sie wirklich interessieren, anstatt nur das Nötigste zu tun, um über die Runden zu kommen.

Maria: I don't believe that people are naturally lazy. When their basic needs are met, they find other ways to realize themselves. Many people want to work to achieve something, not just to survive. A basic income could relieve pressure and allow people to choose jobs they are truly interested in, instead of just doing the bare minimum to get by.

Max: Aber was passiert mit den traditionellen Werten von harter Arbeit und Eigenverantwortung? Ein Grundeinkommen könnte die Botschaft vermitteln, dass man nicht mehr arbeiten muss, um seinen Beitrag zur Gesellschaft zu leisten. Das könnte vor allem für die jüngeren Generationen ein falsches Signal sein. Wir müssen doch ein System fördern, das Menschen dazu anregt, aktiv am gesellschaftlichen Leben teilzunehmen, und nicht eines, das Passivität belohnt.

Max: But what happens to traditional values like hard work and personal responsibility? A basic income could send the message that people no longer need to work to contribute to society. This could send the wrong signal, especially to younger generations. We need to promote a system that encourages people to actively participate in society, not one that rewards passivity.

Maria: Das Grundeinkommen ist nicht dazu da, Passivität zu belohnen. Es geht darum, Menschen zu unterstützen, die sonst vielleicht in Armut stecken bleiben oder keine Chance haben, sich weiterzuentwickeln. Außerdem haben viele Jobs heute nichts mehr mit Selbstverwirklichung zu tun, sondern sind schlichtweg Mittel zum Überleben. Mit einem Grundeinkommen könnten wir ein gerechteres System schaffen, in dem jeder die Möglichkeit hat, seinen Platz in der Gesellschaft zu finden.

Maria: The basic income is not meant to reward passivity. It's about supporting people who might otherwise remain in poverty or lack opportunities for personal development. Also, many jobs today are no longer about self-fulfillment but are simply a means of survival. With a basic income, we could create a fairer system where everyone has the opportunity to find their place in society.

Max: Ich verstehe das, aber ich glaube, dass der Schlüssel zur Lösung von Armut nicht darin liegt, den Menschen Geld zu geben, ohne dass sie dafür arbeiten müssen. Wir sollten in Bildung, Arbeitsplätze und eine starke Wirtschaft investieren, um den Menschen die Werkzeuge zu geben, die sie brauchen, um erfolgreich zu sein. Ein Grundeinkommen könnte die falschen Anreize setzen und uns auf lange Sicht schwächen.

Max: I understand that, but I believe that the key to solving poverty isn't to give people money without them having to work for it. We should invest in education, jobs, and a strong economy to give people the tools they need to succeed. A basic income could set the wrong incentives and weaken us in the long run.

Maria: Bildung und Arbeitsplätze sind wichtig, da stimme ich dir zu. Aber ein Grundeinkommen könnte diese Maßnahmen ergänzen, nicht ersetzen. Es würde den Menschen die Sicherheit geben,

Risiken einzugehen, sich weiterzubilden und ihre Talente voll auszuschöpfen, ohne dabei in finanzielle Not zu geraten. Es geht nicht darum, dass die Menschen aufhören zu arbeiten, sondern dass sie bessere Entscheidungen für ihr Leben treffen können.

Maria: Education and jobs are important, I agree with you. But a basic income could complement these measures, not replace them. It would give people the security to take risks, continue their education, and fully develop their talents without falling into financial hardship. It's not about people stopping work, but about helping them make better decisions for their lives.

Max: Vielleicht, aber wir müssen sehr vorsichtig sein, wenn wir ein System wie das Grundeinkommen einführen. Es gibt einfach zu viele Unbekannte, und die möglichen negativen Auswirkungen könnten enorm sein. Ich glaube, es ist besser, den Fokus darauf zu legen, wie wir die bestehenden sozialen Systeme verbessern können, anstatt so ein radikales Experiment durchzuführen.

Max: Maybe, but we need to be very careful when introducing a system like basic income. There are simply too many unknowns, and the potential negative impacts could be huge. I think it's better to focus on improving the existing social systems instead of conducting such a radical experiment.

Maria: Radikale Ideen sind oft die, die am meisten verändern. Natürlich muss es gut durchdacht und getestet werden, aber wir können nicht ewig am Status quo festhalten, wenn wir wissen, dass er viele Menschen im Stich lässt. Ein Grundeinkommen könnte der nächste Schritt zu einer gerechteren und freieren Gesellschaft sein.

Maria: Radical ideas are often the ones that bring the most change. Of course, it needs to be well thought out and tested, but we can't cling to the status quo forever when we know it leaves many people behind. A basic income could be the next step toward a fairer and freer society.

Max: Das mag sein, aber wir sollten uns bewusst sein, dass der Preis für solche Veränderungen sehr hoch sein könnte. Wenn wir die Balance zwischen Unterstützung und Eigenverantwortung verlieren, riskieren wir, die Grundlage unserer Wirtschaft und unserer Gesellschaft zu untergraben.

Max: That may be true, but we should be aware that the cost of such changes could be very high. If we lose the balance between support and personal responsibility, we risk undermining the foundation of our economy and society.

Maria: Ich denke, es ist ein Risiko, das es wert ist, in Betracht gezogen zu werden. Die Menschen verdienen es, ein Leben in Würde zu führen, ohne ständig um ihre Existenz kämpfen zu müssen. Ein Grundeinkommen könnte uns helfen, dieses Ziel zu erreichen, während wir gleichzeitig neue Wege für wirtschaftliche und soziale Entwicklung finden.

Maria: I think it's a risk worth considering. People deserve to live a life of dignity without constantly having to fight for their existence. A basic income could help us achieve that goal while also finding new ways for economic and social development.

Max: Solange wir dabei nicht vergessen, dass Freiheit und Verantwortung Hand in Hand gehen müssen. Ein Grundeinkommen darf nicht dazu führen, dass wir uns auf Kosten anderer ausruhen.

Max: As long as we don't forget that freedom and responsibility must go hand in hand. A basic income shouldn't lead to people resting on the efforts of others.

Maria: Genau, und deshalb brauchen wir eine sorgfältige Planung und Umsetzung. Aber ich glaube fest daran, dass das Grundeinkommen mehr Chancen als Risiken birgt, wenn es richtig gemacht wird.

Maria: Exactly, and that's why we need careful planning and implementation. But I firmly believe that a basic income brings more opportunities than risks if done right.

Die Todesstrafe: Ist sie eine notwendige Strafe oder eine veraltete Form der Gerechtigkeit?

Anna (Pro Todesstrafe): Ich finde, die Todesstrafe ist in bestimmten Fällen gerechtfertigt, Felix. Wenn jemand abscheuliche Verbrechen wie Mord oder Terrorismus begeht, sollte er die ultimative Strafe erhalten. Es ist eine Frage der Gerechtigkeit für die Opfer und deren Familien. Manche Verbrechen sind so grausam, dass Gefängnis nicht genug ist.

Anna (Pro death penalty): I believe the death penalty is justified in certain cases, Felix. When someone commits heinous crimes like murder or terrorism, they should receive the ultimate punishment. It's a matter of justice for the victims and their families. Some crimes are so cruel that prison is not enough.

Felix (Contra Todesstrafe): Aber Anna, die Todesstrafe ist eine veraltete und unmenschliche Strafe. Kein Staat sollte die Macht haben, das Leben eines Menschen zu beenden. Es gibt keine Beweise dafür, dass die Todesstrafe Verbrechen verhindert. Und was, wenn jemand unschuldig ist? Ein Justizirrtum kann nicht rückgängig gemacht werden.

Felix (Against death penalty): But Anna, the death penalty is an outdated and inhumane punishment. No state should have the power to take a human life. There is no evidence that the death penalty prevents crime. And what if someone is innocent? A miscarriage of justice cannot be undone.

Anna: Natürlich gibt es das Risiko von Justizirrtümern, aber in vielen Fällen gibt es überwältigende Beweise. DNA-Tests und andere moderne Methoden machen es fast unmöglich, Fehler zu machen. Außerdem geht es nicht nur um Abschreckung, sondern auch um Gerechtigkeit. Wenn jemand ein Leben nimmt, warum sollte er das Recht haben, sein eigenes Leben zu behalten?

Anna: Of course, there's a risk of wrongful convictions, but in many cases, there is overwhelming evidence. DNA tests and other modern methods make it almost impossible to make mistakes. Moreover, it's not just about deterrence but also justice. If someone takes a life, why should they have the right to keep their own?

Felix: Aber das Argument der Gerechtigkeit basiert auf Vergeltung, nicht auf Rehabilitation oder Prävention. Eine Gesellschaft sollte besser sein als die Verbrecher, die sie bestraft. Indem wir jemanden hinrichten, senken wir uns auf dasselbe Niveau wie der Täter. Das Rechtssystem sollte Leben schützen, nicht beenden.

Felix: But the argument for justice is based on revenge, not rehabilitation or prevention. A society should be better than the criminals it punishes. By executing someone, we lower ourselves to the same level as the perpetrator. The justice system should protect life, not end it.

Anna: Es geht nicht um Rache, sondern um Konsequenzen. Jemand, der kaltblütig einen Mord begeht, hat seine Menschlichkeit schon lange verloren. Warum sollten wir Steuerzahler Geld dafür ausgeben, ihn für den Rest seines Lebens im Gefängnis zu halten? Die Todesstrafe gibt den Familien der Opfer wenigstens ein Gefühl der Gerechtigkeit.

Anna: It's not about revenge, but about consequences. Someone who cold-bloodedly commits murder has long lost their humanity. Why should taxpayers spend money to keep them in prison for life? The death penalty at least gives the victims' families a sense of justice.

Felix: Aber Gerechtigkeit kann nicht durch mehr Tod erreicht werden. Außerdem zeigen Studien, dass die Todesstrafe teuer ist — wegen der langen Berufungsverfahren und der hohen Kosten für die Sicherheitsvorkehrungen. Es ist also nicht kostengünstiger, jemanden zu töten, als ihn lebenslang ins Gefängnis zu schicken. Und was ist mit dem moralischen Aspekt? Eine Gesellschaft, die tötet, fördert Gewalt, nicht Frieden.

Felix: But justice cannot be achieved through more death. Furthermore, studies show that the death penalty is expensive—due to long appeals processes and high security costs. So it's not cheaper to execute someone than to keep them in prison for life. And what about the moral aspect? A society that kills promotes violence, not peace.

Anna: Ich denke, es geht eher darum, klare Grenzen zu setzen. Menschen, die schwerste Verbrechen begehen, müssen wissen, dass sie dafür die härteste Strafe bekommen. Wenn wir Verbrechern eine zweite Chance geben, dann entwerten wir das Leben der Opfer. Manche Verbrechen verdienen es einfach, mit dem Tod bestraft zu werden, weil sie so grausam und unentschuldbar sind.

Anna: I think it's more about setting clear boundaries. People who commit the worst crimes must know they will receive the harshest punishment. If we give criminals a second chance, we devalue the lives of the victims. Some crimes simply deserve to be punished by death because they are so cruel and unforgivable.

Felix: Aber wer entscheidet, welches Verbrechen den Tod „verdient"? Die Todesstrafe wird oft ungerecht angewendet – es gibt Statistiken, die zeigen, dass Minderheiten und sozial Schwache viel häufiger hingerichtet werden. Es gibt keine faire Art, diese Strafe durchzuführen. Sie trifft oft nicht die „Schlimmsten der Schlimmen", sondern die, die sich keinen guten Anwalt leisten können.

Felix: But who decides which crime "deserves" death? The death penalty is often applied unjustly—there are statistics showing that minorities and the socially disadvantaged are far more likely to be executed. There's no fair way to administer this punishment. It often doesn't hit the "worst of the worst," but those who can't afford a good lawyer.

Anna: Das stimmt, dass das System verbessert werden muss, aber das bedeutet nicht, dass die Todesstrafe abgeschafft werden sollte. Es gibt Wege, die Anwendung fairer und gerechter zu gestalten. Es geht darum, das Rechtssystem zu reformieren, nicht die Todesstrafe per se. Für die schlimmsten Verbrecher bleibt sie eine notwendige Strafe.

Anna: It's true that the system needs improvement, but that doesn't mean the death penalty should be abolished. There are ways to make its application fairer and more just. It's about reforming the justice system, not the death penalty itself. For the worst criminals, it remains a necessary punishment.

Felix: Reformen allein reichen nicht. Die Todesstrafe bleibt eine unzivilisierte Form der Strafe, egal wie man sie umsetzt. Sie widerspricht den Grundwerten der Menschenrechte. Jedes Leben hat einen Wert, auch das eines Verbrechers. Eine Gesellschaft sollte sich darauf konzentrieren, Menschen zu rehabilitieren, nicht zu töten. Der Tod nimmt jede Möglichkeit der Wiedergutmachung oder Reue.

Felix: Reforms alone aren't enough. The death penalty remains an uncivilized form of punishment, no matter how it's implemented. It contradicts the fundamental values of human rights. Every life has value, even that of a criminal. A society should focus on rehabilitating people, not killing them. Death removes any chance for remorse or redemption.

Anna: Manche Menschen sind jedoch jenseits von Reue. Serienmörder, Terroristen – sie haben oft keine Reue und würden auch nie rehabilitiert werden können. Es geht um den Schutz der Gesellschaft und darum, klare Signale zu senden, dass solche Verbrechen nicht toleriert werden. Für diese Extremfälle ist die Todesstrafe die einzige gerechte Antwort.

Anna: Some people, however, are beyond remorse. Serial killers, terrorists—they often show no remorse and could never be rehabilitated. It's about protecting society and sending a clear signal that such crimes won't be tolerated. For these extreme cases, the death penalty is the only just answer.

Felix: Aber der Staat sollte keine Institution der Rache sein. Wir riskieren, Unschuldige zu töten, und das können wir uns als Gesellschaft nicht leisten. Es gibt andere Wege, die Gesellschaft zu schützen, wie lebenslange Haft ohne Bewährung. Das nimmt den Täter aus dem Verkehr, aber wahrt den ethischen Standard, dass wir nicht zum Mörder werden, um einen Mord zu bestrafen.

Felix: But the state should not be an institution of revenge. We risk executing innocent people, and as a society, we can't afford that. There are other ways to protect society, like life imprisonment without parole. That takes the offender out of circulation but maintains the ethical standard that we don't become murderers to punish murder.

Anna: Es ist eine schwierige Debatte, aber für mich steht fest, dass es Verbrechen gibt, die nur mit dem Tod bestraft werden können. Es geht nicht um Rache, sondern um Gerechtigkeit und den Schutz der Gesellschaft.

Anna: It's a difficult debate, but for me, it's clear that there are crimes that can only be punished by death. It's not about revenge, but about justice and protecting society.

Felix: Und für mich ist klar, dass die Todesstrafe weder gerecht noch notwendig ist. Sie fördert nur mehr Gewalt und bringt uns als Gesellschaft nicht weiter.

Felix: And for me, it's clear that the death penalty is neither just nor necessary. It only promotes more violence and doesn't advance us as a society.

Das Erbe des Kolonialismus: Sollten ehemalige Kolonialmächte Entschädigungen zahlen?

Sara (Pro Reparationen): Ich finde, dass ehemalige Kolonialmächte wie Großbritannien, Frankreich, aber auch Länder wie die Türkei oder Japan für die Verbrechen der Kolonialzeit Entschädigungen zahlen sollten, Max. Sie haben über Jahrhunderte Länder ausgebeutet, Kulturen zerstört und Menschen versklavt. Es geht nicht nur um Wiedergutmachung, sondern um Verantwortung und Anerkennung des historischen Unrechts.

Sara (Pro reparations): I believe that former colonial powers like Britain, France, but also countries like Turkey or Japan should pay reparations for the crimes of the colonial era, Max. They exploited countries, destroyed cultures, and enslaved people for centuries. It's not just about compensation, but about responsibility and acknowledging the historical injustice.

Max (Gegen Reparationen): Aber Sara, wie soll das funktionieren? Die Menschen, die heute leben, haben doch nichts mit den Taten ihrer Vorfahren zu tun. Wieso sollte eine heutige Generation für etwas bezahlen, was sie nicht verursacht hat? Außerdem stellt sich die Frage: Wie sollen Entschädigungen berechnet werden? Wo ziehen wir die Grenze? Kolonialismus ist ein komplexes Thema, das man nicht einfach mit Geld lösen kann.

Max (Against reparations): But Sara, how would that work? The people living today have nothing to do with the actions of their ancestors. Why should a current generation pay for something they didn't cause? Moreover, the question is: how should reparations be calculated? Where do we draw the line? Colonialism is a complex issue that cannot be simply solved with money.

Sara: Aber das historische Unrecht wirkt bis heute nach. Viele der Länder, die unter Kolonialismus gelitten haben, kämpfen immer noch mit den Folgen – wirtschaftliche Rückständigkeit, politische

Instabilität und soziale Ungleichheit. Die heutigen Generationen profitieren in den ehemaligen Kolonialmächten immer noch von den Ressourcen und dem Reichtum, der durch Kolonialismus geschaffen wurde. Es geht darum, diese Ungerechtigkeiten anzuerkennen und zu kompensieren.

Sara: But the historical injustice still has effects today. Many of the countries that suffered from colonialism are still struggling with its consequences—economic backwardness, political instability, and social inequality. Current generations in former colonial powers still benefit from the resources and wealth that colonialism created. It's about recognizing and compensating for these injustices.

Max: Ich verstehe, dass die Vergangenheit Narben hinterlassen hat, aber Entschädigungen alleine werden diese Probleme nicht lösen. Die Entwicklungsländer müssen ihre eigenen Wege finden, sich zu stabilisieren und zu wachsen. Wenn wir anfangen, für die Vergangenheit zu zahlen, führt das nur zu neuen Konflikten und lässt alte Wunden wieder aufreißen. Außerdem: Wer soll entscheiden, wer wie viel bekommt? Das ist doch kaum gerecht umzusetzen.

Max: I understand that the past has left scars, but reparations alone won't solve these problems. Developing countries must find their own paths to stability and growth. If we start paying for the past, it will only lead to new conflicts and reopen old wounds. Also, who will decide who gets how much? That's hardly fair to implement.

Sara: Aber es geht doch nicht nur ums Geld. Reparationen wären ein symbolischer Akt, der zeigt, dass die ehemaligen Kolonialmächte ihre Verantwortung anerkennen und bereit sind, den betroffenen Ländern zu helfen, die Auswirkungen des Kolonialismus zu überwinden. Es gibt schon Modelle, bei denen Reparationen in Form von Entwicklungsprojekten, Bildung oder wirtschaftlicher Unterstützung gezahlt werden. Es muss nicht immer nur um direkte Geldzahlungen gehen.

Sara: But it's not just about the money. Reparations would be a symbolic act that shows the former colonial powers acknowledge their responsibility and are willing to help affected countries overcome the impacts of colonialism. There are already models where reparations are paid in the form of development projects, education, or economic support. It doesn't always have to be direct payments.

Max: Und wo hören wir auf? Wenn wir die westlichen Kolonialmächte zur Verantwortung ziehen, müssten wir auch andere Länder zur Rechenschaft ziehen, die Kolonialismus betrieben haben – wie das Osmanische Reich, das arabische Kalifat oder Japan während des Zweiten Weltkriegs. Auch innerhalb Europas gab es Kolonialismus. Es ist zu kompliziert, all diese historischen Ungerechtigkeiten rückwirkend zu korrigieren.

Max: And where do we stop? If we hold the Western colonial powers accountable, we'd also have to hold other countries accountable that engaged in colonialism—like the Ottoman Empire, the Arab Caliphate, or Japan during World War II. There was even colonialism within Europe. It's too complicated to retroactively correct all these historical injustices.

Sara: Genau das meine ich. Es sollten alle ehemaligen Kolonialmächte in Betracht gezogen werden, nicht nur die europäischen. Auch arabischer und osmanischer Kolonialismus hat enorme Spuren hinterlassen, und diese sollten ebenfalls aufgearbeitet werden. Natürlich ist es komplex, aber das heißt nicht, dass wir es ignorieren sollten. Die Diskussion um Reparationen ist ein erster Schritt, um global eine gerechtere Welt zu schaffen.

Sara: That's exactly what I mean. All former colonial powers should be considered, not just the European ones. Arab and Ottoman colonialism also left huge marks, and those should be addressed too. Of course, it's complex, but that doesn't mean we should ignore it. The discussion about reparations is a first step toward creating a more just world globally.

Max: Aber die Welt hat sich seitdem verändert. Viele der Länder, die einst Kolonialmächte waren, haben sich ebenfalls gewandelt und kämpfen mit ihren eigenen Problemen. Sollten sie wirklich für die Fehler ihrer Vergangenheit in der Gegenwart bestraft werden? Wir sollten uns eher auf internationale Zusammenarbeit konzentrieren, um die heutigen Herausforderungen anzugehen, statt ständig auf die Vergangenheit zu schauen.

Max: But the world has changed since then. Many of the countries that were once colonial powers have also transformed and are dealing with their own problems. Should they really be punished for the mistakes of their past in the present? We should focus more on international cooperation to tackle today's challenges rather than constantly looking to the past.

Sara: Aber ohne eine Aufarbeitung der Vergangenheit können wir keine gerechte Zukunft aufbauen. Viele der heutigen Probleme – sei es Armut, Ungleichheit oder sogar internationale Konflikte – haben ihre Wurzeln im Kolonialismus. Es reicht nicht, einfach vorwärts zu schauen, ohne die Schäden der Vergangenheit anzuerkennen und zu reparieren. Reparationen könnten ein wichtiger Schritt sein, um Vertrauen zwischen den Nationen wiederherzustellen.

Sara: But without addressing the past, we cannot build a just future. Many of today's problems—be it poverty, inequality, or even international conflicts—have their roots in colonialism. It's not enough to simply look forward without acknowledging and repairing the damage of the past. Reparations could be an important step in restoring trust between nations.

Max: Vertrauen entsteht aber nicht durch Schuldzuweisungen und Entschädigungen. Wenn wir ständig die Vergangenheit in den Vordergrund rücken, behindern wir die Entwicklung der

Gegenwart. Es wäre besser, wenn ehemalige Kolonialmächte durch Investitionen in die Zukunft dieser Länder helfen, anstatt in Reparationen für die Vergangenheit. Entwicklungshilfe, fairer Handel und Zusammenarbeit sind der Schlüssel, nicht finanzielle Entschädigungen.

Max: But trust is not built through blame and reparations. If we keep focusing on the past, we hinder the development of the present. It would be better for former colonial powers to help through investments in the future of these countries rather than reparations for the past. Development aid, fair trade, and cooperation are the key, not financial compensation.

Sara: Entwicklungshilfe ist wichtig, aber sie kommt oft mit Bedingungen oder wirtschaftlichen Interessen. Reparationen wären ein unbedingter Akt der Anerkennung und Wiedergutmachung. Es würde zeigen, dass die ehemaligen Kolonialmächte nicht nur aus Eigeninteresse handeln, sondern wirklich bereit sind, Verantwortung für ihr Handeln zu übernehmen. Das könnte den Ländern, die unter Kolonialismus gelitten haben, die Möglichkeit geben, ihre Zukunft eigenständiger zu gestalten.

Sara: Development aid is important, but it often comes with conditions or economic interests. Reparations would be an unconditional act of recognition and restitution. It would show that former colonial powers are not acting solely out of self-interest but are truly ready to take responsibility for their actions. This could give the countries that suffered under colonialism the opportunity to shape their future more independently.

Max: Aber wie gesagt, das Risiko ist groß, dass dadurch alte Konflikte wieder aufflammen. Und selbst wenn wir Reparationen zahlen, wer sagt, dass sie gerecht verteilt werden? Korruption und Misswirtschaft in vielen der betroffenen Länder könnten dafür sorgen, dass das Geld nie bei den Menschen ankommt, die es wirklich brauchen. Außerdem könnten neue Ressentiments entstehen, wenn einige Länder Reparationen erhalten und andere nicht.

Max: But as I said, the risk is great that old conflicts could resurface. And even if we pay reparations, who's to say they will be distributed fairly? Corruption and mismanagement in many of the affected countries could ensure the money never reaches the people who truly need it. Also, new resentment could arise if some countries receive reparations and others do not.

Sara: Natürlich muss sichergestellt werden, dass die Mittel effektiv genutzt werden. Aber das ist bei jeder Form von internationaler Hilfe der Fall. Wir sollten nicht den Fehler machen, diese Diskussion von vornherein abzulehnen, nur weil es Herausforderungen gibt. Wenn wir es richtig angehen, könnten Reparationen ein Mittel sein, historische Ungerechtigkeiten zumindest teilweise zu beheben.

Sara: Of course, we must ensure that the funds are used effectively. But that's true for any form of international aid. We shouldn't make the mistake of dismissing this discussion outright just because there are challenges. If we approach it correctly, reparations could be a means to at least partially address historical injustices.

Max: Ich sehe die moralische Seite deines Arguments, aber ich glaube, dass Reparationen mehr Spaltung als Versöhnung bringen könnten. Wir sollten uns darauf konzentrieren, die Zukunft zu gestalten, anstatt uns ständig auf die Vergangenheit zu fixieren. Historische Gerechtigkeit ist wichtig, aber sie darf nicht die heutigen globalen Herausforderungen überschatten.

Max: I see the moral side of your argument, but I believe reparations could bring more division than reconciliation. We should focus on shaping the future instead of constantly dwelling on the past. Historical justice is important, but it shouldn't overshadow today's global challenges.

Sara: Aber ohne eine Anerkennung und Wiedergutmachung der Vergangenheit können wir keine echte Versöhnung erreichen. Reparationen sind nicht die einzige Lösung, aber sie könnten ein Schritt in die richtige Richtung sein, um das Vertrauen und die Gerechtigkeit zwischen den Nationen zu fördern. Nur so können wir eine gerechtere Welt aufbauen.

Sara: But without acknowledgment and restitution for the past, we cannot achieve true reconciliation. Reparations aren't the only solution, but they could be a step in the right direction to foster trust and justice between nations. Only then can we build a more just world.

Künstliche Intelligenz und Beschäftigung: Wird KI unser Leben verbessern oder zu Massenarbeitslosigkeit führen?

Lea (Pro KI verbessert das Leben): Ich glaube fest daran, dass KI unser Leben verbessern wird, Jonas. Sie kann uns von langweiligen, repetitiven Aufgaben befreien und uns mehr Zeit für kreative und menschliche Tätigkeiten geben. KI wird den Arbeitsmarkt zwar verändern, aber das war bei jeder technologischen Revolution so. Am Ende entstehen immer neue Jobs, die wir uns heute noch gar nicht vorstellen können.

Lea (Pro AI improves life): I firmly believe that AI will improve our lives, Jonas. It can free us from boring, repetitive tasks and give us more time for creative and human activities. AI will certainly change the job market, but that's been the case with every technological revolution. In the end, new jobs always emerge that we can't even imagine today.

Jonas (Pro KI führt zu Massenarbeitslosigkeit): Das mag sein, aber diesmal ist es anders, Lea. KI kann nicht nur einfache Aufgaben übernehmen, sondern auch hochqualifizierte Arbeiten. Wir reden hier von Berufen wie Anwälten, Ärzten oder sogar Künstlern. Die Geschwindigkeit, mit der KI voranschreitet, wird viele Menschen arbeitslos machen, und es gibt keine Garantie, dass genug neue Jobs entstehen, um das auszugleichen.

Jonas (Pro AI leads to mass unemployment): That may be, but this time it's different, Lea. AI can take over not only simple tasks but also highly skilled jobs. We're talking about professions like lawyers, doctors, or even artists. The speed at which AI is advancing will put many people out of work, and there's no guarantee that enough new jobs will be created to offset that.

Lea: Aber wir haben das bei früheren technologischen Veränderungen auch gedacht, zum Beispiel während der Industrialisierung. Damals dachten die Leute, Maschinen würden alle Jobs übernehmen, aber in Wirklichkeit haben sie die Arbeitswelt nur verändert und viele neue Möglichkeiten geschaffen. Ich bin sicher, dass KI ähnliche Chancen bringen wird, wenn wir uns anpassen.

Lea: But we thought the same thing during previous technological changes, like the Industrial Revolution. Back then, people thought machines would take all the jobs, but in reality, they only changed the work environment and created many new opportunities. I'm sure AI will bring similar chances if we adapt.

Jonas: Der Unterschied ist, dass KI im Gegensatz zu früheren Technologien die Fähigkeit hat, selbst zu lernen und zu denken. Sie wird nicht nur Maschinen ersetzen, sondern auch intellektuelle Arbeit. Nicht jeder Mensch kann einfach von einem Bürojob auf eine kreative Arbeit umsteigen. Das könnte viele Menschen in die Arbeitslosigkeit stürzen, und nicht jeder wird von den neuen Jobs profitieren.

Jonas: The difference is that, unlike previous technologies, AI has the ability to learn and think for itself. It won't just replace machines, but also intellectual work. Not everyone can easily switch from an office job to a creative job. This could throw many people into unemployment, and not everyone will benefit from the new jobs.

Lea: Natürlich wird es Veränderungen geben, und ja, einige Berufe werden verschwinden. Aber genau deshalb müssen wir in Umschulungen und Bildung investieren. KI kann uns helfen, produktiver zu sein, aber wir müssen den Menschen die Werkzeuge an die Hand geben, um mit dieser neuen Welt umzugehen. Es geht nicht darum, die Technologie zu fürchten, sondern sie verantwortungsvoll zu nutzen.

Lea: Of course, there will be changes, and yes, some jobs will disappear. But that's exactly why we need to invest in retraining and education. AI can help us become more productive, but we must equip people with the tools to handle this new world. It's not about fearing the technology, but about using it responsibly.

Jonas: Aber wie realistisch ist es, dass alle Menschen umgeschult werden können? Viele Menschen haben weder die Zeit noch die Mittel, um neue Fähigkeiten zu erlernen. Wenn KI Jobs in großem Umfang vernichtet, wird das soziale Ungleichheit nur noch verstärken. Die Reichen und gut Ausgebildeten werden profitieren, während der Rest der Gesellschaft zurückgelassen wird.

Jonas: But how realistic is it that everyone can be retrained? Many people don't have the time or resources to learn new skills. If AI eliminates jobs on a large scale, it will only deepen social inequality. The rich and well-educated will benefit, while the rest of society is left behind.

Lea: Das ist ein berechtigtes Problem, und deswegen muss der Staat eine aktive Rolle spielen. Regierungen sollten Umschulungsprogramme und soziale Sicherheitsnetze bereitstellen, um den Übergang zu erleichtern. KI kann die Produktivität und den Wohlstand enorm steigern, aber wir müssen sicherstellen, dass dieser Wohlstand gerecht verteilt wird. Es liegt an uns, diesen Wandel sozial gerecht zu gestalten.

Lea: That's a valid concern, and that's why the state must play an active role. Governments should provide retraining programs and social safety nets to ease the transition. AI can greatly increase productivity and wealth, but we need to make sure that this wealth is distributed fairly. It's up to us to shape this change in a socially just way.

Jonas: Aber was passiert, wenn die Technologie schneller voranschreitet, als die Menschen sich anpassen können? Es gibt Berufe, die in den nächsten 10 bis 20 Jahren komplett verschwinden könnten. Selbst wenn Umschulungen möglich sind, wird es nicht für jeden eine neue Position geben. Irgendwann könnten Maschinen so effizient werden, dass es für Menschen kaum noch sinnvolle Jobs gibt.

Jonas: But what happens if the technology advances faster than people can adapt? There are jobs that could completely disappear in the next 10 to 20 years. Even if retraining is possible, there won't be new positions for everyone. At some point, machines could become so efficient that there are hardly any meaningful jobs left for humans.

Lea: Da bin ich anderer Meinung. Der Mensch wird immer eine Rolle in der Arbeitswelt spielen, vor allem in Berufen, die Kreativität, emotionale Intelligenz und zwischenmenschliche Fähigkeiten erfordern. KI mag viele Aufgaben automatisieren, aber sie kann keine echte menschliche Interaktion oder Kreativität ersetzen. Das sind Bereiche, in denen wir weiterhin gebraucht werden.

Lea: I disagree. Humans will always play a role in the workforce, especially in jobs that require creativity, emotional intelligence, and interpersonal skills. AI may automate many tasks, but it cannot replace genuine human interaction or creativity. These are areas where we will continue to be needed.

Jonas: Vielleicht, aber die Realität ist, dass viele Menschen in Bereichen arbeiten, die von KI übernommen werden könnten – Lagerarbeiter, Kassierer, Fahrer. Diese Menschen werden die ersten sein, die ihre Jobs verlieren, und sie sind oft die, die am wenigsten Zugang zu Bildung oder Umschulungsprogrammen haben. Was passiert mit ihnen?

Jonas: Maybe, but the reality is that many people work in areas that could be taken over by AI – warehouse workers, cashiers, drivers. These people will be the first to lose their jobs, and they are often the ones with the least access to education or retraining programs. What happens to them?

Lea: Genau deshalb brauchen wir auch neue soziale Modelle, wie etwa das bedingungslose Grundeinkommen. Wenn Menschen durch KI von ihrer Arbeit entlastet werden, sollten sie trotzdem die Möglichkeit haben, ein gutes Leben zu führen. KI könnte uns tatsächlich in eine Zukunft führen, in der wir weniger arbeiten müssen und trotzdem gut leben können. Aber dafür brauchen wir politische Veränderungen.

Lea: That's exactly why we need new social models, like a universal basic income. If people are relieved of their work by AI, they should still have the chance to live a good life. AI could actually lead us to a future where we work less and still live well. But for that, we need political changes.

Jonas: Ein Grundeinkommen mag kurzfristig helfen, aber es löst das grundlegende Problem nicht. Menschen brauchen nicht nur Geld, sie brauchen auch Sinn und Struktur in ihrem Leben, und Arbeit bietet genau das. Wenn KI uns die Jobs wegnimmt, verlieren wir nicht nur Einkommen, sondern auch unsere soziale Identität. Was passiert, wenn die meisten Menschen das Gefühl haben, nicht mehr gebraucht zu werden?

Jonas: A basic income might help in the short term, but it doesn't solve the underlying problem. People don't just need money; they need purpose and structure in their lives, and work provides that. If AI takes our jobs, we lose not just income but also our social identity. What happens when most people feel like they're no longer needed?

Lea: Das ist eine wichtige Frage. Aber ich glaube, dass Menschen sich anpassen werden. Arbeit wird sich verändern, aber das bedeutet nicht, dass wir keinen Sinn mehr in unserem Leben finden. Vielleicht werden wir mehr Zeit für Familie, Kunst, soziale Projekte oder persönliche Entwicklung haben. KI könnte uns von der Notwendigkeit befreien, ausschließlich für den Lebensunterhalt zu arbeiten, und uns ermöglichen, andere Aspekte des Lebens zu erkunden.

Lea: That's an important question. But I believe people will adapt. Work will change, but that doesn't mean we won't find purpose in our lives. Perhaps we'll have more time for family, art, social projects, or personal development. AI could free us from the necessity of working solely to make a living and allow us to explore other aspects of life.

Jonas: Das klingt idealistisch, aber ich fürchte, dass die Realität weniger rosig sein wird. Wenn wir nicht sicherstellen, dass der Übergang fair gestaltet wird, könnten wir eine Gesellschaft schaffen, in der einige wenige von KI profitieren, während der Großteil der Menschen ausgeschlossen wird. Wir müssen vorsichtig sein, wie wir diese Technologie in unsere Arbeitswelt integrieren.

Jonas: That sounds idealistic, but I'm afraid the reality will be less rosy. If we don't ensure the transition is fair, we could create a society where only a few benefit from AI while the majority are left behind. We need to be careful about how we integrate this technology into our workforce.

Lea: Vorsicht ist wichtig, das gebe ich zu. Aber wenn wir KI richtig einsetzen und die nötigen sozialen und politischen Rahmenbedingungen schaffen, kann sie eine unglaubliche Bereicherung sein. Wir sollten nicht vor der Technologie zurückschrecken, sondern uns darauf konzentrieren, wie wir sie zum Wohle aller nutzen können.

Lea: Caution is important, I agree. But if we use AI correctly and create the necessary social and political frameworks, it can be an incredible benefit. We shouldn't shy away from technology but focus on how we can use it for the good of everyone.

Jonas: Das ist der Schlüssel – wir müssen sicherstellen, dass KI zum Wohl aller dient. Aber solange diese Fragen ungelöst sind, bleibt das Risiko groß, dass viele Menschen auf der Strecke bleiben. Wir sollten uns auf die Herausforderungen konzentrieren, bevor wir die Vorteile feiern.

Jonas: That's the key – we need to make sure AI serves the good of all. But as long as these questions remain unresolved, the risk is high that many people will be left behind. We should focus on the challenges before celebrating the benefits.

Lea: Einverstanden. Der Weg wird nicht einfach sein, aber ich bin optimistisch, dass wir mit der richtigen Planung eine bessere Zukunft schaffen können – eine, in der KI unser Leben verbessert, ohne dass Menschen auf der Strecke bleiben.

Lea: Agreed. The path won't be easy, but I'm optimistic that with the right planning, we can create a better future – one where AI improves our lives without leaving people behind.

Geburtenraten und Überbevölkerung als Treiber von Umweltproblemen und Klimawandel

Miriam (Pro Überbevölkerung als Hauptursache): Ich denke, dass Überbevölkerung eine der Hauptursachen für unsere Umweltprobleme ist, Daniel. Je mehr Menschen auf der Welt leben, desto mehr Ressourcen werden verbraucht, desto mehr CO_2 wird produziert und desto mehr Umweltzerstörung findet statt. Wir müssen uns dringend mit dem Bevölkerungswachstum auseinandersetzen, wenn wir den Klimawandel stoppen wollen.

Miriam (Pro overpopulation as the main cause): I think that overpopulation is one of the main causes of our environmental problems, Daniel. The more people living in the world, the more resources are consumed, the more CO_2 is produced, and the more environmental destruction takes place. We urgently need to address population growth if we want to stop climate change.

Daniel (Contra Überbevölkerung als Hauptursache): Das sehe ich anders, Miriam. Überbevölkerung allein ist nicht das Problem. Es geht viel mehr darum, wie wir unsere Ressourcen nutzen und verteilen. Die reichsten Länder der Welt, die nur einen Bruchteil der Weltbevölkerung ausmachen, sind für den Großteil der CO_2-Emissionen verantwortlich. Es ist also nicht die Anzahl der Menschen, sondern wie sie leben, was das größte Problem darstellt.

Daniel (Against overpopulation as the main cause): I see it differently, Miriam. Overpopulation alone isn't the problem. It's more about how we use and distribute our resources. The richest countries in the world, which make up only a fraction of the global population, are responsible for the majority of CO_2 emissions. So it's not the number of people, but how they live, that's the biggest problem.

Miriam: Natürlich tragen die reichen Länder mehr zur Klimakrise bei, aber der Ressourcenverbrauch steigt überall mit der

Miriam: Of course, rich countries contribute more to the climate crisis, but resource consumption is rising everywhere with growing populations. If birth rates remain high in developing countries and more people adopt Western consumption patterns, the pressure on the environment will become unbearable. We can't pretend that population growth doesn't play a role.

Daniel: Aber das ist doch genau der Punkt. Statt über Bevölkerungswachstum zu reden, sollten wir über Konsummuster und Ungleichheit sprechen. Es wäre falsch, den Entwicklungsländern die Schuld zu geben, während die Industrieländer weiterhin verschwenderisch leben. Die Umweltprobleme sind das Ergebnis von Überkonsum, nicht von zu vielen Menschen.

Daniel: But that's exactly the point. Instead of talking about population growth, we should be talking about consumption patterns and inequality. It would be wrong to blame developing countries while industrialized nations continue to live wastefully. Environmental problems are the result of overconsumption, not too many people.

Miriam: Es ist aber beides. Natürlich müssen wir unseren Konsum reduzieren, aber selbst ein nachhaltiger Lebensstil für Milliarden von Menschen hat einen großen ökologischen Fußabdruck. Wir dürfen nicht ignorieren, dass die Welt eine begrenzte Kapazität hat. Je mehr Menschen wir sind, desto schwieriger wird es, nachhaltige Lösungen zu finden.

Miriam: It's both. Of course, we need to reduce our consumption, but even a sustainable lifestyle for billions of people leaves a large ecological footprint. We can't ignore the fact that the world has limited capacity. The more people there are, the harder it will be to find sustainable solutions.

Daniel: Aber das Bevölkerungswachstum verlangsamt sich in vielen Teilen der Welt bereits. In vielen westlichen Ländern gibt es sogar rückläufige Geburtenraten. Statt uns auf die Reduktion von Geburten zu konzentrieren, sollten wir auf technologische Lösungen setzen, die nachhaltiges Wachstum ermöglichen. Wir können Innovationen nutzen, um effizienter mit Ressourcen umzugehen, ohne dass wir die Anzahl der Menschen reduzieren müssen.

Daniel: But population growth is already slowing in many parts of the world. In many Western countries, birth rates are even declining. Instead of focusing on reducing births, we should focus on technological solutions that enable sustainable growth. We can use innovations to handle resources more efficiently without having to reduce the number of people.

Miriam: Aber in anderen Teilen der Welt, vor allem in Afrika und Teilen Asiens, wächst die Bevölkerung rasant. Wenn wir nicht aktiv gegensteuern, wird die Weltbevölkerung weiter steigen und der Druck auf Ressourcen wie Wasser, Land und Nahrung enorm zunehmen. Technologische Lösungen allein werden nicht ausreichen, wenn die Nachfrage immer weiter wächst.

Miriam: But in other parts of the world, especially in Africa and parts of Asia, the population is growing rapidly. If we don't actively counteract this, the world population will continue to rise, and the pressure on resources like water, land, and food will increase enormously. Technological solutions alone won't be enough if demand keeps growing.

Daniel: Doch, ich glaube, dass technologische Lösungen einen großen Teil der Antwort bieten. Wir haben in den letzten Jahrzehnten enorme Fortschritte gemacht, sei es in der

Energieeffizienz, der Agrartechnologie oder der Kreislaufwirtschaft. Wenn wir diese Technologien global ausbauen, können wir den Ressourcenverbrauch reduzieren, ohne uns so stark auf Bevölkerungsreduktion zu konzentrieren.

Daniel: I do believe that technological solutions offer a big part of the answer. We've made huge progress in the last few decades, whether in energy efficiency, agricultural technology, or the circular economy. If we expand these technologies globally, we can reduce resource consumption without having to focus so much on reducing the population.

Miriam: Aber das ist ein gefährliches Spiel. Wir verlassen uns darauf, dass technologische Innovationen rechtzeitig kommen, um die Probleme zu lösen, aber was, wenn das nicht passiert? Der Klimawandel und die Umweltzerstörung sind jetzt schon bedrohlich. Wir brauchen sofortige Maßnahmen, und das bedeutet auch, das Bevölkerungswachstum stärker zu kontrollieren, etwa durch bessere Bildung und Familienplanung.

Miriam: But that's a dangerous game. We're relying on technological innovations to come in time to solve the problems, but what if they don't? Climate change and environmental destruction are already threatening us. We need immediate action, and that also means controlling population growth more, for example through better education and family planning.

Daniel: Ich stimme zu, dass Bildung und Familienplanung wichtig sind, aber sie sollten nicht als Mittel zur Kontrolle der Bevölkerung gesehen werden. Vielmehr sollten wir die Lebensbedingungen verbessern, denn je wohlhabender und gebildeter eine Gesellschaft ist, desto niedriger werden die Geburtenraten ohnehin. Die Menschen sollten aus freien Stücken weniger Kinder haben wollen, nicht weil wir das als globale Strategie erzwingen.

Daniel: I agree that education and family planning are important, but they shouldn't be seen as tools for population control. Instead, we should improve living conditions because the wealthier and more educated a society is, the lower the birth rates become naturally. People should want to have fewer children by choice, not because we enforce it as a global strategy.

Miriam: Es geht nicht um Zwang, sondern um Bewusstsein. Viele Menschen wissen einfach nicht, welche Auswirkungen das Bevölkerungswachstum auf die Umwelt hat. Wenn wir die Bevölkerung nicht stabilisieren, werden selbst die besten Technologien und nachhaltigen Praktiken nicht ausreichen. Wir müssen sowohl den Konsum als auch die Anzahl der Menschen reduzieren, um die Umwelt zu retten.

Miriam: It's not about force, but about awareness. Many people simply don't know the impact population growth has on the environment. If we don't stabilize the population, even the best technologies and sustainable practices won't be enough. We need to reduce both consumption and the number of people to save the environment.

Daniel: Aber die Geschichte hat gezeigt, dass Panikmache über Bevölkerungswachstum oft zu menschenfeindlichen Maßnahmen führt. Wir müssen vorsichtig sein, damit wir nicht in eine Diskussion geraten, die Menschen in ärmeren Ländern die Schuld an den Umweltproblemen gibt. Die reichen Länder müssen zuerst ihre Hausaufgaben machen und ihren übermäßigen Konsum angehen, bevor wir über das Bevölkerungswachstum in Entwicklungsländern sprechen.

Daniel: But history has shown that fear-mongering about population growth often leads to inhumane measures. We need to be careful not to enter a discussion that blames people in poorer countries for environmental problems. Wealthy countries need to address their excessive consumption first before we talk about population growth in developing nations.

Miriam: Das bestreite ich nicht, aber es muss ein globaler Ansatz sein. Es bringt nichts, den Konsum in reichen Ländern zu reduzieren, wenn die Bevölkerung in ärmeren Ländern explodiert und sie den gleichen Lebensstil anstreben. Es muss ein Gleichgewicht zwischen Konsumreduktion und Bevölkerungsstabilisierung geben, sonst haben wir auf lange Sicht keine Chance.

Miriam: I don't disagree, but it has to be a global approach. It's pointless to reduce consumption in rich countries if the population in poorer countries explodes and they aim for the same lifestyle. There must be a balance between reducing consumption and stabilizing the population, or we won't stand a chance in the long term.

Daniel: Das Gleichgewicht ist wichtig, aber wir sollten uns auf die Ursachen konzentrieren, nicht auf Symptome. Ungleichheit, Überkonsum und ineffiziente Ressourcennutzung sind die wahren Probleme. Wenn wir diese lösen, können wir auch mit einer größeren Weltbevölkerung leben. Technologie, Bildung und soziale Gerechtigkeit sind der Schlüssel, nicht zwangsläufig weniger Menschen.

Daniel: Balance is important, but we should focus on the causes, not the symptoms. Inequality, overconsumption, and inefficient resource use are the real problems. If we solve these, we can live with a larger world population. Technology, education, and social justice are the key, not necessarily fewer people.

Miriam: Technologie und Gerechtigkeit sind sicherlich wichtige Teile der Lösung, aber sie sind keine Entschuldigung dafür, das Bevölkerungswachstum zu ignorieren. Wir müssen den Mut haben, alle Faktoren anzusprechen – sowohl die Anzahl der Menschen als auch ihre Lebensweise. Nur so können wir wirklich nachhaltig und fair die Zukunft gestalten.

Miriam: Technology and justice are certainly important parts of the solution, but they are not an excuse to ignore population growth. We must have the courage to address all factors—the number of people as well as their lifestyle. Only then can we truly create a sustainable and fair future.

Daniel: Ich stimme zu, dass wir alle Aspekte berücksichtigen müssen. Aber wir sollten vorsichtig sein, das Thema Überbevölkerung zu sehr in den Fokus zu rücken. Es darf nicht zu einem Argument werden, um Verantwortung von den wohlhabenden Ländern abzulenken, die die Hauptverursacher des Klimawandels sind.

Daniel: I agree that we need to consider all aspects. But we should be careful not to focus too much on overpopulation. It must not become an argument to divert responsibility from wealthy countries, which are the main contributors to climate change.

Miriam: Absolut, aber ich glaube, wir können uns auf ein umfassenderes Bild einigen: Konsum reduzieren, Bevölkerungswachstum bremsen und Technologien vorantreiben. Es ist ein gemeinsamer Kampf, den wir nur gewinnen können, wenn wir alle Aspekte berücksichtigen.

Miriam: Absolutely, but I think we can agree on a broader picture: reduce consumption, curb population growth, and promote technology. It's a joint fight we can only win by addressing all aspects.

Einwanderung vs. Erhalt des kulturellen Erbes: Wie viel kulturellen Wandel kann eine Gesellschaft verkraften?

Sophie (Pro Einwanderung): Ich denke, dass Einwanderung eine Bereicherung für jede Gesellschaft ist, Max. Menschen aus verschiedenen Kulturen bringen neue Ideen, Perspektiven und Traditionen mit, die unsere Gesellschaften vielfältiger und dynamischer machen. Kultur ist nicht statisch, sie entwickelt sich ständig weiter, und Einwanderung ist ein natürlicher Teil dieser Entwicklung.

Sophie (Pro-immigration): I believe that immigration is an enrichment for any society, Max. People from different cultures bring new ideas, perspectives, and traditions that make our societies more diverse and dynamic. Culture is not static, it constantly evolves, and immigration is a natural part of that evolution.

Max (Pro Erhalt des kulturellen Erbes): Aber Sophie, wenn wir zu viele Einflüsse auf einmal zulassen, riskieren wir, unsere eigenen kulturellen Traditionen zu verlieren. Jede Gesellschaft hat ein Erbe, das es zu bewahren gilt. Natürlich ist kultureller Austausch wichtig, aber zu viel Veränderung auf einmal kann zu sozialer Spaltung führen, weil die gemeinsame Identität verwässert wird.

Max (Pro-cultural heritage): But Sophie, if we allow too many influences at once, we risk losing our own cultural traditions. Every society has a heritage that must be preserved. Of course, cultural exchange is important, but too much change at once can lead to social division because the shared identity becomes diluted.

Sophie: Aber Kultur lebt doch von Austausch und Wandel. Viele Aspekte unserer eigenen Kultur sind das Ergebnis von Einflüssen aus anderen Ländern. Musik, Essen, Sprache – all das wurde über die Jahrhunderte durch Einflüsse von außen bereichert. Wir sollten uns nicht vor Veränderungen fürchten, sondern sie als Chance sehen, uns weiterzuentwickeln.

Sophie: But culture thrives on exchange and change. Many aspects of our own culture are the result of influences from other countries. Music, food, language – all of these have been enriched over the centuries by external influences. We shouldn't fear change, but rather see it as an opportunity to grow.

Max: Ja, Kultur entwickelt sich, aber es gibt einen Unterschied zwischen natürlichem Wandel und einer schnellen, massiven Veränderung durch unkontrollierte Einwanderung. Wenn zu viele neue Einflüsse auf eine Gesellschaft treffen, kann das zu Identitätskrisen führen. Menschen könnten sich entfremdet fühlen, weil ihre traditionelle Kultur immer weiter in den Hintergrund gedrängt wird.

Max: Yes, culture evolves, but there is a difference between natural change and rapid, massive change caused by uncontrolled immigration. When too many new influences hit a society, it can lead to identity crises. People might feel alienated as their traditional culture is increasingly pushed into the background.

Sophie: Ich glaube nicht, dass das eine realistische Angst ist. Viele Länder mit hoher Einwanderung haben es geschafft, ihre kulturelle Identität zu bewahren, während sie gleichzeitig neue Traditionen aufgenommen haben. Schau dir Länder wie Kanada oder die USA an – sie sind Beispiele dafür, wie Einwanderung und kultureller Pluralismus funktionieren können.

Sophie: I don't think that fear is realistic. Many countries with high immigration have managed to preserve their cultural identity while also adopting new traditions. Look at countries like Canada or the USA – they are examples of how immigration and cultural pluralism can work.

Max: Aber genau das ist das Problem. In diesen Ländern hat sich eine „Multikulti-Gesellschaft" entwickelt, in der die ursprüngliche

Kultur oft verwässert wird. In Europa haben wir tief verwurzelte kulturelle Traditionen, die teilweise Jahrhunderte alt sind. Wenn wir die Einwanderung nicht kontrollieren, könnten diese Traditionen verloren gehen, und das wäre ein großer Verlust für die Gesellschaft.

Max: But that's exactly the problem. In these countries, a "multicultural society" has developed where the original culture is often diluted. In Europe, we have deeply rooted cultural traditions that are sometimes centuries old. If we don't control immigration, these traditions could be lost, and that would be a significant loss for society.

Sophie: Aber warum sollte Einwanderung zwangsläufig dazu führen, dass wir unsere Kultur verlieren? Es liegt doch an uns, diese Traditionen weiterzugeben. Gleichzeitig sollten wir offen dafür sein, neue Einflüsse aufzunehmen. Es geht nicht darum, eine Kultur durch eine andere zu ersetzen, sondern darum, voneinander zu lernen und gemeinsam etwas Neues zu schaffen.

Sophie: But why should immigration necessarily lead to losing our culture? It's up to us to pass on these traditions. At the same time, we should be open to new influences. It's not about replacing one culture with another, but about learning from each other and creating something new together.

Max: Das klingt idealistisch, aber in der Praxis funktioniert das oft nicht so reibungslos. Es gibt viele Beispiele, wo Einwanderung zu Konflikten geführt hat, weil die kulturellen Unterschiede zu groß waren. Menschen ziehen in ein Land, aber integrieren sich nicht, weil sie ihre eigene Kultur bewahren wollen. Das führt zu Parallelgesellschaften, die sich von der Mehrheitskultur abkapseln.

Max: That sounds idealistic, but in practice, it often doesn't work that smoothly. There are many examples where immigration has led to conflicts because the cultural differences were too great.

People move to a country but don't integrate because they want to preserve their own culture. This leads to parallel societies that separate themselves from the majority culture.

Sophie: Natürlich gibt es Herausforderungen, aber Integration ist keine Einbahnstraße. Es liegt sowohl an den Einwanderern als auch an der Aufnahmegesellschaft, Integration zu fördern. Wenn wir von Anfang an aufgeschlossen sind und Einwanderern die Möglichkeit geben, sich in die Gesellschaft einzubringen, kann das funktionieren. Außerdem sollten wir nicht vergessen, dass auch unsere Kultur durch Einflüsse von außen stärker wird.

Sophie: Of course, there are challenges, but integration is not a one-way street. It's up to both the immigrants and the host society to promote integration. If we are open from the start and give immigrants the opportunity to contribute to society, it can work. And we shouldn't forget that our culture also becomes stronger through external influences.

Max: Aber wie definierst du Integration? Wenn wir unsere Kultur zu stark öffnen, riskieren wir, dass sie sich komplett verändert. Es ist wichtig, dass Einwanderer unsere Werte und Traditionen respektieren und sich anpassen, anstatt zu erwarten, dass wir uns an sie anpassen. Das bedeutet nicht, dass sie ihre eigene Kultur aufgeben müssen, aber es muss eine Balance geben, um den Zusammenhalt der Gesellschaft zu bewahren.

Max: But how do you define integration? If we open our culture too much, we risk it changing completely. It's important that immigrants respect our values and traditions and adapt, instead of expecting us to adapt to them. That doesn't mean they have to give up their own culture, but there must be a balance to preserve social cohesion.

Sophie: Genau, es geht um eine Balance. Aber Anpassung sollte auf beiden Seiten stattfinden. Wir sollten offen für neue Traditionen sein, ohne unsere eigenen aufzugeben. Kulturelle Vielfalt ist eine

Stärke, und wenn wir es richtig angehen, können wir eine Gesellschaft schaffen, die sowohl ihre Wurzeln bewahrt als auch neue Einflüsse integriert. Das ist der Weg in die Zukunft.

Sophie: Exactly, it's about balance. But adaptation should happen on both sides. We should be open to new traditions without giving up our own. Cultural diversity is a strength, and if we do it right, we can create a society that both preserves its roots and integrates new influences. That's the way forward.

Max: Ich stimme zu, dass Vielfalt eine Stärke sein kann, aber nicht, wenn sie auf Kosten der eigenen Identität geht. Der Erhalt des kulturellen Erbes ist wichtig, um eine gemeinsame Grundlage zu haben. Wenn zu viele unterschiedliche Einflüsse gleichzeitig auf eine Gesellschaft treffen, könnte das den sozialen Zusammenhalt schwächen.

Max: I agree that diversity can be a strength, but not if it comes at the expense of our own identity. Preserving cultural heritage is important to have a common foundation. If too many different influences hit a society at the same time, it could weaken social cohesion.

Sophie: Ich glaube, dass wir die Kraft haben, sowohl unsere kulturellen Wurzeln zu bewahren als auch eine offene und diverse Gesellschaft zu schaffen. Einwanderung muss nicht als Bedrohung gesehen werden, sondern als Chance, unsere Kultur weiterzuentwickeln und sie an eine moderne, globale Welt anzupassen.

Sophie: I believe that we have the strength to both preserve our cultural roots and create an open and diverse society. Immigration shouldn't be seen as a threat but as an opportunity to further develop our culture and adapt it to a modern, global world.

Max: Vielleicht, aber wir sollten vorsichtig sein, wie viel Veränderung wir gleichzeitig zulassen. Kulturelles Erbe ist das Fundament jeder Gesellschaft, und wenn es zu sehr unter Druck gerät, könnten wir uns selbst verlieren. Ein ausgewogener Ansatz ist der Schlüssel – Offenheit, aber auch ein starkes Bewusstsein für unsere eigene kulturelle Identität.

Max: Maybe, but we should be careful about how much change we allow at once. Cultural heritage is the foundation of every society, and if it comes under too much pressure, we could lose ourselves. A balanced approach is key – openness, but also a strong awareness of our own cultural identity.

Sophie: Da sind wir uns einig – es geht um Balance. Aber ich glaube, dass Offenheit der bessere Weg ist, um eine Gesellschaft zu stärken. Einwanderung und der Erhalt des kulturellen Erbes müssen sich nicht ausschließen. Wenn wir es richtig machen, können beide Seiten gewinnen.

Sophie: We agree on one thing – it's about balance. But I believe that openness is the better way to strengthen a society. Immigration and preserving cultural heritage don't have to be mutually exclusive. If we do it right, both sides can win.

Fiatgeld vs. Gold: Welches System ist stabiler und nachhaltiger?

Paul (Pro Fiatgeld): Ich bin überzeugt, dass Fiatgeld das bessere System ist, Lisa. Es ermöglicht den Regierungen und Zentralbanken, flexibler auf wirtschaftliche Krisen zu reagieren. Wenn wir in einem Goldstandard bleiben würden, wären unsere Möglichkeiten, die Geldmenge anzupassen, stark eingeschränkt. Fiatgeld gibt uns die Möglichkeit, die Wirtschaft zu stimulieren, wenn es nötig ist.

Paul (Pro fiat money): I am convinced that fiat money is the better system, Lisa. It allows governments and central banks to respond more flexibly to economic crises. If we stayed on the gold standard, our ability to adjust the money supply would be severely limited. Fiat money gives us the ability to stimulate the economy when needed.

Lisa (Pro Goldstandard): Aber Paul, genau diese Flexibilität ist doch das Problem. Mit Fiatgeld kann die Regierung einfach unbegrenzt Geld drucken, was zu Inflation und Entwertung führt. Der Goldstandard bietet eine natürliche Begrenzung. Wenn Geld an etwas Greifbares wie Gold gekoppelt ist, hat es einen echten Wert. Das schützt uns vor übermäßiger Verschuldung und Inflation.

Lisa (Pro gold standard): But Paul, that very flexibility is the problem. With fiat money, the government can just print unlimited money, leading to inflation and devaluation. The gold standard provides a natural limitation. When money is tied to something tangible like gold, it has real value. This protects us from excessive debt and inflation.

Paul: Ja, es stimmt, dass Fiatgeld inflationär sein kann, aber die Zentralbanken haben gelernt, wie man Inflation kontrolliert. In der modernen Weltwirtschaft ist es wichtig, auf Krisen schnell reagieren zu können. Ein starrer Goldstandard wäre viel zu unflexibel. Stell dir vor, wir hätten während der Finanzkrise von 2008 nicht die Möglichkeit gehabt, die Geldmenge zu erhöhen – die Rezession wäre viel schlimmer ausgefallen.

Paul: Yes, it's true that fiat money can be inflationary, but central banks have learned how to control inflation. In the modern global economy, it's important to be able to respond quickly to crises. A rigid gold standard would be far too inflexible. Imagine if we hadn't been able to increase the money supply during the 2008 financial crisis – the recession would have been much worse.

Lisa: Aber diese kurzfristige Flexibilität führt langfristig zu Problemen. Seit wir uns vom Goldstandard entfernt haben, ist die Verschuldung der Staaten explodiert. Das führt zu immer neuen Krisen. Mit dem Goldstandard war das nicht möglich, weil die Geldmenge begrenzt war. Wir haben uns in ein System begeben, das auf Schulden basiert, und das ist langfristig nicht nachhaltig.

Lisa: But this short-term flexibility leads to long-term problems. Since we moved away from the gold standard, national debt has exploded. This leads to constant new crises. Under the gold standard, that wasn't possible because the money supply was limited. We've entered a debt-based system, which is not sustainable in the long run.

Paul: Schulden sind nicht unbedingt schlecht, wenn sie sinnvoll eingesetzt werden, zum Beispiel für Investitionen in Infrastruktur oder Bildung. Der Goldstandard hätte diese wichtigen Investitionen behindert, weil Regierungen sich nicht so leicht Geld leihen könnten. Außerdem ist das Wirtschaftswachstum heute viel dynamischer. Ein starrer Goldstandard würde dieses Wachstum bremsen.

Paul: Debt isn't necessarily bad if it's used wisely, for example, for investments in infrastructure or education. The gold standard would have hindered these important investments because governments couldn't borrow money as easily. Moreover, economic growth is much more dynamic today. A rigid gold standard would slow down that growth.

Lisa: But the problem is that fiat money tends to be overspent. Governments can easily go into debt because they know they can print more money. This devalues the currency and harms people in the long term, especially those with savings. The gold standard ensures stability because it ties the money supply to something real and valuable.

Paul: Stabilität ist wichtig, aber zu viel Stabilität kann die Wirtschaft auch lähmen. In Zeiten von Deflation – was im Goldstandard häufiger vorkam – wäre es viel schwieriger, die Wirtschaft anzukurbeln. Die Flexibilität von Fiatgeld ermöglicht es uns, auf wirtschaftliche Schwankungen zu reagieren und Arbeitslosigkeit zu bekämpfen. Und was die Entwertung betrifft: Ja, Inflation ist ein Risiko, aber gut gemanagt bleibt sie im Rahmen.

Paul: Stability is important, but too much stability can also cripple the economy. During times of deflation – which happened more often under the gold standard – it would be much harder to stimulate the economy. The flexibility of fiat money allows us to respond to economic fluctuations and combat unemployment. As for devaluation: yes, inflation is a risk, but when managed well, it stays within acceptable limits.

Lisa: Trotzdem hat Fiatgeld eine Geschichte von Währungskrisen und Hyperinflationen. Schau dir Länder wie Simbabwe oder

Venezuela an – sie zeigen, was passieren kann, wenn eine Regierung unkontrolliert Fiatgeld druckt. Der Goldstandard könnte solche Krisen verhindern, weil er den Wert des Geldes an etwas Knappes und Wertbeständiges bindet. Gold behält seinen Wert, unabhängig von politischen Entscheidungen.

Lisa: Still, fiat money has a history of currency crises and hyperinflation. Look at countries like Zimbabwe or Venezuela – they show what can happen when a government prints fiat money uncontrollably. The gold standard could prevent such crises because it ties the value of money to something scarce and enduring. Gold retains its value, regardless of political decisions.

Paul: Aber nicht alle Länder erleben Hyperinflation. In stabilen Volkswirtschaften wie den USA oder der Eurozone funktioniert das Fiatgeldsystem. Die meisten Währungskrisen sind auf schlechte politische Entscheidungen oder Missmanagement zurückzuführen, nicht auf das Fiatgeld an sich. Außerdem wäre es unmöglich, bei der heutigen Größe der Weltwirtschaft genug Gold zu finden, um es als Grundlage für alle Währungen zu verwenden.

Paul: But not all countries experience hyperinflation. In stable economies like the USA or the Eurozone, the fiat money system works. Most currency crises are due to poor political decisions or mismanagement, not fiat money itself. Additionally, it would be impossible to find enough gold to base all currencies on it, given the size of today's global economy.

Lisa: Natürlich wäre die Umstellung schwierig, aber das zeigt doch, wie weit wir uns von einem gesunden Geldsystem entfernt haben. Fiatgeld ist nichts weiter als ein Versprechen, das ständig gebrochen wird. Der Goldstandard gibt dem Geld einen echten Wert und begrenzt das Risiko von Spekulationsblasen und Schuldenkrisen. Außerdem könnte ein Teilreserve-Goldstandard helfen, zumindest einen Teil der Währungen an Gold zu koppeln.

Lisa: Of course, the transition would be difficult, but that shows how far we've strayed from a sound monetary system. Fiat money is nothing more than a promise that is constantly being broken. The gold standard gives money real value and limits the risk of speculative bubbles and debt crises. Also, a partial gold reserve standard could help tie at least some of the currencies to gold.

Paul: Aber ein Goldstandard würde auch die Ungleichheit verstärken. Länder mit großen Goldreserven hätten einen unfairen Vorteil. Zudem könnte das Wirtschaftswachstum durch die Begrenzung der Geldmenge eingeschränkt werden, was zu mehr Arbeitslosigkeit und Armut führen könnte. Fiatgeld gibt uns die Möglichkeit, das Geldangebot flexibel zu gestalten, um wirtschaftliche Stabilität und Wachstum zu fördern.

Paul: But a gold standard would also increase inequality. Countries with large gold reserves would have an unfair advantage. Additionally, economic growth could be restricted by limiting the money supply, which could lead to more unemployment and poverty. Fiat money gives us the flexibility to adjust the money supply to promote economic stability and growth.

Lisa: Ich glaube, das eigentliche Problem ist, dass wir uns zu sehr auf kurzfristige wirtschaftliche Impulse konzentrieren. Der Goldstandard zwingt uns, verantwortungsvoller mit Geld umzugehen. Wir könnten keine unbegrenzten Schulden anhäufen und müssten besser wirtschaften. Das würde langfristig zu einer stabileren und gerechteren Wirtschaft führen.

Lisa: I believe the real problem is that we focus too much on short-term economic boosts. The gold standard forces us to be more responsible with money. We couldn't accumulate unlimited debt and would have to manage the economy better. That would lead to a more stable and fair economy in the long term.

Paul: Verantwortungsvolles Wirtschaften ist wichtig, aber das heißt nicht, dass wir zum Goldstandard zurückkehren müssen. Wir können den Umgang mit Fiatgeld verbessern und die nötigen Kontrollen einführen, um Missbrauch zu verhindern. Die Vorteile, die Fiatgeld bietet – Flexibilität, wirtschaftliches Wachstum und Krisenbewältigung – überwiegen die Nachteile.

Paul: Responsible management is important, but that doesn't mean we need to return to the gold standard. We can improve how we handle fiat money and implement the necessary controls to prevent misuse. The benefits fiat money provides – flexibility, economic growth, and crisis management – outweigh the disadvantages.

Lisa: Das sehe ich anders. Fiatgeld gibt den Regierungen zu viel Macht, und wir haben gesehen, wie oft das System missbraucht wurde. Der Goldstandard würde diese Macht einschränken und dafür sorgen, dass das Geld wieder einen echten Wert hat. Das wäre die beste Garantie für langfristige wirtschaftliche Stabilität.

Lisa: I see it differently. Fiat money gives governments too much power, and we've seen how often the system has been abused. The gold standard would limit that power and ensure that money has real value again. That would be the best guarantee for long-term economic stability.

Paul: Vielleicht. Aber ich glaube, dass in der modernen globalen Wirtschaft ein flexibles Fiatgeldsystem besser geeignet ist, um den Herausforderungen des 21. Jahrhunderts zu begegnen. Es geht nicht nur um Stabilität, sondern auch um die Fähigkeit, auf Krisen zu reagieren und Innovation zu fördern.

Paul: Maybe. But I believe that in the modern global economy, a flexible fiat money system is better suited to meet the challenges of the 21st century. It's not just about stability; it's also about the ability to respond to crises and foster innovation.

Lisa: Und ich denke, wir brauchen wieder eine Rückbesinnung auf eine wertgedeckte Währung wie Gold, um den langfristigen Wohlstand und die Stabilität zu sichern.

Lisa: And I think we need to return to a currency backed by real value, like gold, to ensure long-term prosperity and stability.

Islam vs. Christentum: Mohammed als Kriegsherr und Sklavenhalter vs. Jesus als Friedensstifter?

Julia (Pro Christentum, Jesus als Vorbild): Ich finde, der Vergleich zwischen Mohammed und Jesus ist eindeutig, Tim. Jesus hat ein Leben in Frieden, Vergebung und Nächstenliebe gepredigt. Er hat nie zu Gewalt oder Krieg aufgerufen. Mohammed hingegen war nicht nur ein religiöser Führer, sondern auch ein Kriegsherr und Sklavenhalter. Das stellt die moralische Integrität seiner Lehren infrage.

Julia (Pro Christianity, Jesus as a Role Model): I believe the comparison between Mohammed and Jesus is clear, Tim. Jesus preached a life of peace, forgiveness, and love for others. He never called for violence or war. On the other hand, Mohammed was not only a religious leader but also a warlord and slave owner. This raises questions about the moral integrity of his teachings.

Tim (Pro Islam, differenzierter Blick auf Mohammed): Julia, das ist eine sehr vereinfachte Darstellung. Mohammed lebte in einer ganz anderen Zeit, in der Kriege und Sklaverei gesellschaftlich akzeptiert waren. Er war nicht nur ein Kriegsherr, sondern ein Staatsmann, der seine Gemeinschaft gegen äußere Bedrohungen verteidigen musste. Außerdem hat er auch Reformen eingeführt, die Sklaven besser stellten und zur Freilassung von Sklaven ermutigten. Jesus lebte in einer anderen Realität und musste sich diesen Herausforderungen nicht stellen.

Tim (Pro Islam, nuanced view on Mohammed): Julia, that's a very simplified portrayal. Mohammed lived in a completely different time when wars and slavery were socially accepted. He wasn't just a warlord but a statesman who had to defend his community against external threats. Additionally, he introduced reforms that improved the status of slaves and encouraged their release. Jesus lived in a different reality and didn't face these challenges.

Julia: Aber das rechtfertigt doch nicht, dass Mohammed Kriege führte und Menschen in die Sklaverei nahm. Jesus hat unter römischer Besatzung gelebt und trotzdem nie zu Gewalt gegriffen, obwohl er genug Gründe dafür gehabt hätte. Sein Weg war der der Gewaltlosigkeit. Das ist doch eine moralisch überlegene Position.

Julia: But that doesn't justify Mohammed waging wars and taking people into slavery. Jesus lived under Roman occupation and still never resorted to violence, even though he had plenty of reasons to do so. His path was one of non-violence. That's a morally superior position.

Tim: Es ist leicht, jemanden wie Jesus als Vorbild zu nehmen, der keine politische oder militärische Verantwortung hatte. Mohammed war sowohl ein spiritueller als auch ein politischer Führer, der seine Gemeinschaft schützen musste. Er war in einer Welt aktiv, die von Stämmen und Kämpfen geprägt war. Man kann ihn nicht mit den Maßstäben des modernen Friedensrichters messen. Seine Taten sollten im historischen Kontext gesehen werden.

Tim: It's easy to take someone like Jesus as a role model, who didn't have political or military responsibilities. Mohammed was both a spiritual and political leader who had to protect his community. He lived in a world shaped by tribes and conflicts. You can't judge him by the standards of a modern-day peacemaker. His actions should be understood in their historical context.

Julia: Aber der Kern einer Religion sollte doch universelle Werte vermitteln, die zeitlos sind. Jesus hat Nächstenliebe und Vergebung gelehrt, unabhängig von den Umständen. Mohammeds Lehren waren oft an Gewalt und politische Macht gebunden. Das ist ein fundamentaler Unterschied. Wie können seine Lehren heute noch als moralisch wegweisend betrachtet werden, wenn sie auf Kriegsführung und Sklaverei basierten?

Julia: But the core of a religion should convey universal values that are timeless. Jesus taught love and forgiveness, regardless of the circumstances. Mohammed's teachings were often tied to violence and political power. That's a fundamental difference. How can his teachings still be considered morally guiding today if they were based on warfare and slavery?

Tim: Du ignorierst, dass der Islam auch Nächstenliebe, Gerechtigkeit und Barmherzigkeit lehrt. Mohammed hat die Rechte von Frauen, Waisen und Armen verbessert und versucht, eine gerechtere Gesellschaft zu schaffen. Ja, es gab Kriege, aber diese waren oft Verteidigungskriege. Du kannst doch nicht nur seine militärischen Aktionen herausgreifen, ohne die positiven sozialen Reformen zu sehen, die er eingeführt hat.

Tim: You're ignoring that Islam also teaches love, justice, and mercy. Mohammed improved the rights of women, orphans, and the poor, and tried to create a more just society. Yes, there were wars, but these were often defensive. You can't just focus on his military actions without acknowledging the positive social reforms he introduced.

Julia: Aber warum sollte ein Prophet überhaupt Krieg führen müssen, wenn er wirklich göttlich inspiriert ist? Jesus hat bewiesen, dass man auch ohne Gewalt Veränderungen bewirken kann. Sein Verzicht auf Macht und seine Hingabe an die Menschen sind viel beeindruckender als die politischen und militärischen Erfolge Mohammeds.

Julia: But why would a prophet need to wage war if he is truly divinely inspired? Jesus proved that change can happen without violence. His renunciation of power and his dedication to the people are much more impressive than Mohammed's political and military successes.

Tim: Aber auch Jesus wurde am Ende von der politischen Macht seiner Zeit besiegt. Mohammed hingegen hat es geschafft, seine

Tim: But even Jesus was ultimately defeated by the political power of his time. Mohammed, on the other hand, managed to unite his community and establish a religion that continues to inspire over a billion people today. You can't deny that Mohammed was a pragmatic leader who responded to the challenges of his time. That doesn't make him any less divine; it shows he was a man acting in the real world.

Julia: Das mag stimmen, aber es gibt dennoch eine klare moralische Kluft zwischen einem religiösen Führer, der Gewaltlosigkeit predigt, und einem, der Kriege führt und Menschen versklavt. Jesus' Botschaft der Liebe und Vergebung ist heute aktueller denn je. Sie steht über den politischen Realitäten, denen Mohammed sich anpassen musste.

Julia: That may be true, but there is still a clear moral gap between a religious leader who preaches nonviolence and one who wages wars and enslaves people. Jesus' message of love and forgiveness is more relevant than ever today. It stands above the political realities that Mohammed had to adapt to.

Tim: Jesus' Botschaft ist sicherlich inspirierend, aber man darf nicht vergessen, dass Mohammed eine Religion geschaffen hat, die in einer sehr komplexen, feindlichen Umgebung entstand. Er hat nicht nur Kriege geführt, sondern auch den Islam als ethisches und spirituelles System aufgebaut, das bis heute vielen Menschen Halt gibt. Seine Taten sollten in ihrer Ganzheit betrachtet werden, nicht nur anhand seiner Rolle als Kriegsherr.

Tim: Jesus' message is certainly inspiring, but we must not forget that Mohammed created a religion in a very complex, hostile environment. He didn't just wage wars but also built Islam as an ethical and spiritual system that continues to provide support to many people today. His actions should be viewed in their entirety, not just in his role as a warlord.

Julia: Trotzdem bleibt für mich die Frage, ob man einem religiösen Führer folgen sollte, dessen Leben von Kriegen und Sklaverei geprägt war. Jesus hat gezeigt, dass man auch ohne solche Mittel eine starke, positive Botschaft verbreiten kann. Mohammeds Lebensweg scheint mir in dieser Hinsicht weniger inspirierend.

Julia: Still, the question remains for me whether one should follow a religious leader whose life was marked by wars and slavery. Jesus showed that you can spread a strong, positive message without such means. Mohammed's life seems less inspiring to me in that regard.

Tim: Beide haben ihre Rollen in unterschiedlichen Kontexten gespielt, und beide Religionen haben Millionen von Menschen geprägt. Es geht nicht darum, wer der „bessere" Prophet war, sondern darum, was wir aus ihren Lehren für uns und unsere Zeit mitnehmen können. Beide haben eine tiefgreifende moralische und spirituelle Botschaft, die auch heute noch relevant ist.

Tim: Both played their roles in different contexts, and both religions have shaped millions of people. It's not about who was the "better" prophet but about what we can take from their teachings for ourselves and our time. Both have a profound moral and spiritual message that remains relevant today.

Julia: Das mag sein, aber für mich bleibt die friedliche und gewaltfreie Botschaft von Jesus das entscheidende Kriterium. Mohammeds Leben und Taten hinterlassen viele Fragen, die ich schwer mit meinem Verständnis von Moral und Spiritualität vereinbaren kann.

Julia: That may be, but for me, the peaceful and nonviolent message of Jesus remains the decisive criterion. Mohammed's life and actions leave many questions that I find difficult to reconcile with my understanding of morality and spirituality.

Tim: Und ich denke, dass man Mohammeds Leben nicht nur nach modernen Maßstäben beurteilen kann. Er hat in einer anderen Zeit gelebt, in der andere Herausforderungen existierten, und hat trotzdem eine Religion geschaffen, die auf Frieden, Gerechtigkeit und Mitgefühl aufbaut.

Tim: And I think that Mohammed's life cannot be judged solely by modern standards. He lived in a different time with different challenges, and yet he still created a religion based on peace, justice, and compassion.

Julia: Aber wo ziehen wir dann die Grenze? Wenn wir sagen, dass Mohammeds Handlungen, einschließlich der Sklaverei, im Kontext seiner Zeit betrachtet werden müssen, wie rechtfertigen wir dann die Verurteilung von Sklaverei in späteren Epochen, wie zum Beispiel im transatlantischen Sklavenhandel? War es in Ordnung, weil es damals gesellschaftlich akzeptiert war? Wir verurteilen diese Kapitel der Geschichte heute scharf, auch wenn die Menschen damals vielleicht ähnliche Argumente hatten wie du für Mohammed.

Julia: But where do we draw the line? If we say that Mohammed's actions, including slavery, must be viewed in the context of his time, how do we justify condemning slavery in later eras, such as the transatlantic slave trade? Was it acceptable because it was socially accepted back then? We harshly condemn those chapters of history today, even though people at the time may have had similar arguments as you do for Mohammed.

Tim: Das ist eine gute Frage. Natürlich war auch der transatlantische Sklavenhandel ein massives Unrecht, und wir verurteilen ihn zu Recht. Aber der entscheidende Unterschied liegt

Tim: That's a good question. Of course, the transatlantic slave trade was a massive injustice, and we rightly condemn it. But the key difference is that Mohammed, unlike the slave traders of modern times, lived in a pre-Islamic era where slavery was widespread, and he introduced reforms aimed at improving the status of slaves. He encouraged the freeing of slaves, which was a step toward a more progressive understanding of humanity, though not far enough by today's standards.

Julia: Das mag stimmen, aber dieser Vergleich zeigt doch, dass wir oft mit zweierlei Maß messen. Wenn wir die Sklaverei zur Zeit Mohammeds relativieren, sollten wir dann auch die Kolonialmächte oder Sklavenhalter des 18. Jahrhunderts entschuldigen, weil sie "Produkte ihrer Zeit" waren? Ich finde, moralische Grundsätze wie Freiheit und Gleichheit sollten universell sein, unabhängig von der Epoche. Mohammed hat sich nicht klar genug gegen Sklaverei positioniert, und das kann ich schwer mit der Vorstellung von einem moralischen Vorbild vereinbaren.

Julia: That may be true, but this comparison shows that we often measure by different standards. If we relativize slavery in Mohammed's time, should we also excuse the colonial powers or slave owners of the 18th century because they were "products of their time"? I believe that moral principles like freedom and equality should be universal, regardless of the era. Mohammed didn't take a strong enough stance against slavery, and that's hard for me to reconcile with the idea of a moral role model.

Tim: Es ist wichtig, dass wir die Handlungen historischer Persönlichkeiten im Kontext ihrer Zeit verstehen, aber das bedeutet nicht, dass wir alles gutheißen. Der Unterschied liegt darin, wie Mohammed versucht hat, positive Veränderungen in einer schwierigen Welt herbeizuführen. Der Islam hat Schritte in Richtung mehr Gerechtigkeit gemacht, auch wenn diese Schritte aus heutiger Sicht unzureichend erscheinen. Die moralische Bewertung von historischen Figuren ist nie einfach, aber wir sollten auch die positiven Seiten und Reformen anerkennen, die sie in ihrer Zeit ermöglicht haben.

Tim: It's important that we understand the actions of historical figures in the context of their time, but that doesn't mean we approve of everything. The difference lies in how Mohammed tried to bring about positive changes in a difficult world. Islam made steps toward greater justice, even if those steps seem insufficient by today's standards. Judging historical figures morally is never easy, but we should also acknowledge the positive aspects and reforms they enabled in their time.

Julia: Es bleibt aber schwierig für mich, eine solche Figur als moralisches Vorbild zu sehen, wenn sie in so zentrale ethische Fragen verwickelt war, wie Sklaverei und Kriegsführung. Jesus' Prinzip der Gewaltlosigkeit spricht mich persönlich viel stärker an und scheint mir auch heute noch ein Ideal zu sein, dem wir näherkommen sollten.

Julia: It remains difficult for me to see such a figure as a moral role model when he was involved in such central ethical issues as slavery and warfare. Jesus' principle of nonviolence personally speaks to me much more and still seems like an ideal we should strive for today.

Tim: Ich verstehe das, und es ist auch völlig legitim, Jesus als Vorbild zu sehen. Aber ich denke, dass Mohammed in seiner historischen Rolle und mit den Herausforderungen seiner Zeit nicht weniger als eine bedeutende und inspirierende Figur für

Millionen von Menschen angesehen werden kann. Beide haben auf ihre Weise das Leben von Menschen verbessert und moralische Prinzipien vermittelt, die uns auch heute noch prägen.

Tim: I understand that, and it's completely legitimate to see Jesus as a role model. But I think Mohammed, in his historical role and with the challenges of his time, can also be seen as a significant and inspiring figure for millions of people. Both improved people's lives in their own way and conveyed moral principles that still influence us today.

Julia: Vielleicht, aber die Unterschiede in ihren Lebenswegen und Lehren bleiben für mich fundamental. Es ist gut, dass wir heute die Freiheit haben, solche Diskussionen zu führen und daraus unsere eigenen Schlüsse zu ziehen, was Moral und Vorbilder angeht.

Julia: Maybe, but the differences in their life paths and teachings remain fundamental to me. It's good that we have the freedom today to have such discussions and draw our own conclusions about morality and role models.

Antike Zivilisationen im Vergleich: Rom, Griechenland, Ägypten, Sumer

Lena (Pro Rom als dominierende Zivilisation): Ich finde, dass das Römische Reich in vielerlei Hinsicht die bedeutendste Zivilisation der Antike war, Jonas. Rom hat nicht nur ein riesiges Imperium aufgebaut, sondern auch unsere heutigen Rechtssysteme, Architektur und Verwaltung maßgeblich beeinflusst. Kein anderes Reich hat so lange und so nachhaltig gewirkt wie Rom.

Lena (Pro Rome as the dominant civilization): I believe that the Roman Empire was, in many ways, the most significant civilization of antiquity, Jonas. Rome not only built a vast empire but also profoundly influenced our modern legal systems, architecture, and administration. No other empire has had such a long-lasting and impactful legacy as Rome.

Jonas (Pro Griechenland als kultureller Vorreiter): Das mag sein, aber ohne das antike Griechenland hätte Rom vieles davon gar nicht erst entwickelt. Die Griechen waren die ersten, die in Philosophie, Wissenschaft und Kunst neue Wege beschritten haben. Denker wie Plato und Aristoteles haben die gesamte westliche Welt geprägt. Rom hat zwar vieles übernommen, aber die griechische Kultur war der eigentliche Motor der Zivilisation.

Jonas (Pro Greece as the cultural pioneer): That may be true, but without ancient Greece, Rome wouldn't have developed much of what it did. The Greeks were the first to forge new paths in philosophy, science, and art. Thinkers like Plato and Aristotle shaped the entire Western world. Rome may have adopted much, but Greek culture was the real engine of civilization.

Lena: Natürlich haben die Römer von den Griechen gelernt, aber sie haben all diese Ideen weiterentwickelt und praktisch umgesetzt. Die römische Infrastruktur, wie Straßen, Aquädukte und Städte, war beispiellos. Und was das Rechtssystem betrifft, das römische Recht bildet bis heute die Grundlage vieler moderner

Rechtssysteme. Die Griechen waren große Denker, aber die Römer haben ihre Theorien in die Praxis umgesetzt.

Lena: Of course, the Romans learned from the Greeks, but they took all those ideas and put them into practical use. Roman infrastructure, like roads, aqueducts, and cities, was unparalleled. And regarding the legal system, Roman law still forms the basis of many modern legal systems today. The Greeks were great thinkers, but the Romans put their theories into practice.

Jonas: Aber wir dürfen nicht vergessen, dass die Griechen auch in der Politik Pionierarbeit geleistet haben. Die Idee der Demokratie entstand in Athen, und das Konzept der Bürgerbeteiligung hat die westliche Politik bis heute geprägt. Die Römer hatten eine Republik, aber letztlich endeten sie in einer Diktatur, während die griechische Demokratie ein bleibendes Ideal blieb.

Jonas: But we mustn't forget that the Greeks were also pioneers in politics. The idea of democracy was born in Athens, and the concept of citizen participation has shaped Western politics to this day. The Romans had a republic, but ultimately, they ended up in a dictatorship, while Greek democracy remains an enduring ideal.

Lena: Ja, aber die römische Republik hat mehrere Jahrhunderte funktioniert, bevor sie zu einem Kaiserreich wurde. Und auch das Kaiserreich war stabil und wohlhabend über Jahrhunderte. Die griechische Demokratie war oft instabil, und viele griechische Stadtstaaten wurden durch interne Konflikte und Kriege geschwächt. Rom hat eine politische Stabilität erreicht, von der Griechenland nur träumen konnte.

Lena: Yes, but the Roman Republic functioned for several centuries before becoming an empire. And even the empire was stable and prosperous for centuries. Greek democracy was often unstable, and many Greek city-states were weakened by internal conflicts and wars. Rome achieved a political stability that Greece could only dream of.

Jonas: Stabilität ja, aber auf Kosten der Freiheit. Griechenland hat uns die Vorstellung der freien Debatte, der Philosophie und der politischen Teilhabe hinterlassen. Rom mag stabil gewesen sein, aber es war auch oft autoritär. Die griechische Kultur, mit ihrer Kunst, Philosophie und Wissenschaft, hat die menschliche Freiheit und Kreativität gefördert, während Rom sich mehr auf militärische Macht und Expansion konzentrierte.

Jonas: Stability, yes, but at the cost of freedom. Greece gave us the concept of free debate, philosophy, and political participation. Rome may have been stable, but it was often authoritarian. Greek culture, with its art, philosophy, and science, fostered human freedom and creativity, while Rome focused more on military power and expansion.

Miriam (Pro Ägypten als Zivilisation der Langlebigkeit): Moment, aber was ist mit Ägypten? Die Ägypter haben eine der längsten Zivilisationen der Menschheitsgeschichte aufgebaut. Sie haben beeindruckende Bauwerke wie die Pyramiden geschaffen, die heute noch stehen, und ein unglaublich komplexes religiöses und politisches System entwickelt. Sie haben den Menschen ein tiefes Verständnis von Religion und Tod vermittelt, das Rom und Griechenland nie erreicht haben.

Miriam (Pro Egypt as a civilization of longevity): Wait, what about Egypt? The Egyptians built one of the longest-lasting civilizations in human history. They created impressive structures like the pyramids, which still stand today, and developed an incredibly complex religious and political system. They gave humanity a deep understanding of religion and death that Rome and Greece never reached.

Lena: Die Pyramiden und die ägyptische Kultur sind beeindruckend, aber sie waren auch sehr statisch. Während Rom und Griechenland ständig weiterentwickelten und neue Ideen hervorbrachten, blieben die Ägypter oft in ihrer jahrtausendealten Tradition verhaftet. Ihre Errungenschaften sind eher Monumente einer untergegangenen Welt, während die römischen und griechischen Ideen noch heute lebendig sind.

Lena: The pyramids and Egyptian culture are impressive, but they were also very static. While Rome and Greece continuously evolved and brought forth new ideas, the Egyptians often remained rooted in their millennia-old traditions. Their achievements are more monuments of a bygone world, while Roman and Greek ideas are still alive today.

Jonas: Da stimme ich zu, aber Ägypten hat auch die Grundlage für viel späteres Wissen gelegt, besonders in der Mathematik, Medizin und Astronomie. Sie waren Pioniere in der Verwaltung eines so großen Reiches und ihrer Landwirtschaft. Ohne Ägypten wären viele der Fortschritte, die später von Griechen und Römern gemacht wurden, gar nicht möglich gewesen.

Jonas: I agree, but Egypt also laid the groundwork for much later knowledge, particularly in mathematics, medicine, and astronomy. They were pioneers in the administration of such a vast empire and in their agriculture. Without Egypt, many of the advances made later by the Greeks and Romans wouldn't have been possible.

Miriam: Und vergessen wir nicht die Kunst und Symbolik der Ägypter, die so tief mit ihrer Religion verbunden war. Ihr Glaube an das Leben nach dem Tod und die Unsterblichkeit hat nicht nur ihre Architektur geprägt, sondern auch ihre gesamte Kultur und ihren Alltag. Das war eine spirituelle Tiefe, die in Rom und Griechenland oft fehlte.

Miriam: And let's not forget the art and symbolism of the Egyptians, which was so deeply connected to their religion. Their belief in the afterlife and immortality shaped not only their architecture but also their entire culture and daily life. This was a spiritual depth that was often missing in Rome and Greece.

Markus (Pro Sumer als Ur-Zivilisation): Aber bevor wir zu viel über Rom, Griechenland und Ägypten sprechen – was ist mit den

Sumerern? Sie haben die erste bekannte Zivilisation überhaupt gegründet, und viele grundlegende Errungenschaften wie das Schriftsystem (Keilschrift), die ersten Städte und die erste organisierte Religion stammen von ihnen. Ohne Sumer hätten viele der späteren Zivilisationen gar nicht existiert.

Markus (Pro Sumer as the original civilization): But before we talk too much about Rome, Greece, and Egypt – what about the Sumerians? They founded the first known civilization, and many fundamental achievements such as the writing system (cuneiform), the first cities, and the first organized religion originated from them. Without Sumer, many later civilizations might not have existed.

Lena: Die Sumerer waren sicherlich die Vorreiter in vielen Dingen, aber sie hatten nicht den kulturellen und politischen Einfluss, den Rom oder Griechenland hatten. Ihre Errungenschaften waren beeindruckend, aber sie verblassten im Vergleich zu den großen Reichen, die nach ihnen kamen. Rom hat die Welt über Jahrtausende geprägt, während Sumer eher eine lokale Größe war.

Lena: The Sumerians were certainly pioneers in many things, but they didn't have the cultural and political influence that Rome or Greece had. Their achievements were impressive, but they faded in comparison to the great empires that followed. Rome shaped the world for millennia, while Sumer was more of a local power.

Markus: Aber genau darin liegt der Punkt: Sumer war die Basis, auf der alles andere aufgebaut wurde. Ihre Erfindungen, wie die Schrift oder das Rad, sind bis heute von Bedeutung. Sie haben das Fundament gelegt, auf dem spätere Zivilisationen aufbauen konnten. Ohne Sumer gäbe es vielleicht keine römischen Straßen oder griechische Philosophen.

Markus: But that's exactly the point: Sumer was the foundation upon which everything else was built. Their inventions, like writing or the wheel, are still relevant today. They laid the groundwork on which later civilizations could build. Without Sumer, there might not have been Roman roads or Greek philosophers.

Jonas: Das ist richtig, aber jede Zivilisation hat ihre eigene Rolle gespielt. Sumer mag der Anfang gewesen sein, aber Rom und Griechenland haben die Menschheit in Bezug auf Philosophie, Wissenschaft und Politik auf ein neues Niveau gehoben. Ägypten hat uns ein tiefes Verständnis für Architektur und Religion hinterlassen, aber der kulturelle Höhepunkt liegt eindeutig bei Griechenland und Rom.

Jonas: That's true, but every civilization played its own role. Sumer may have been the beginning, but Rome and Greece elevated humanity to a new level in philosophy, science, and politics. Egypt left us with a deep understanding of architecture and religion, but the cultural peak undoubtedly lies with Greece and Rome.

Miriam: Jeder dieser Kulturen hat auf ihre eigene Art die Welt geprägt. Rom, Griechenland, Ägypten und Sumer haben alle Errungenschaften hervorgebracht, die bis heute nachwirken. Es ist schwer zu sagen, welche Zivilisation die wichtigste war, weil jede auf die vorherige aufgebaut hat und ihren Teil zur menschlichen Entwicklung beigetragen hat.

Miriam: Each of these cultures shaped the world in its own way. Rome, Greece, Egypt, and Sumer all produced achievements that still resonate today. It's hard to say which civilization was the most important because each built on the previous one and contributed to human development.

Lena: Aber wenn wir über den größten Einfluss auf die heutige Welt sprechen, bleibt Rom für mich die Nummer eins. Ihre politischen und rechtlichen Strukturen prägen uns bis heute. Der kulturelle Einfluss Griechenlands und die spirituelle Tiefe

Ägyptens sind wichtig, aber Rom hat die Basis für die moderne westliche Zivilisation gelegt.

Lena: But when we talk about the greatest influence on today's world, Rome remains number one for me. Their political and legal structures still shape us today. The cultural influence of Greece and the spiritual depth of Egypt are important, but Rome laid the foundation for modern Western civilization.

Jonas: Ich sehe das anders. Ohne die geistigen Errungenschaften Griechenlands gäbe es kein modernes Denken, keine Demokratie und keine Wissenschaft, wie wir sie heute kennen. Rom war beeindruckend, aber es war Griechenland, das die Grundlagen für unsere Kultur geschaffen hat.

Jonas: I see it differently. Without the intellectual achievements of Greece, there would be no modern thinking, no democracy, and no science as we know them today. Rome was impressive, but it was Greece that laid the foundations for our culture.

Miriam: Und ohne die spirituellen und technologischen Errungenschaften Ägyptens und Sumer hätten weder Griechenland noch Rom so erfolgreich sein können. Es ist alles miteinander verbunden.

Miriam: And without the spiritual and technological achievements of Egypt and Sumer, neither Greece nor Rome would have been so successful. It's all interconnected.

Markus: Genau. Jede Zivilisation hat ihre Rolle gespielt, und jede hat die Welt auf ihre Weise geprägt. Es ist unmöglich, eine über die andere zu stellen, ohne die Komplexität ihrer Beiträge zur Geschichte zu übersehen.

Markus: Exactly. Every civilization played its role, and each shaped the world in its own way. It's impossible to place one above the other without overlooking the complexity of their contributions to history.

Brexit und Freiheit vs. EU-Mitgliedschaft: Was bringt mehr Souveränität und Wohlstand?

Tom (Pro Brexit und Freiheit): Ich bin der Meinung, dass der Brexit die beste Entscheidung für Großbritannien war, Anna. Endlich haben wir die Kontrolle über unsere Gesetze, Grenzen und unser Geld zurück. Die EU hat uns zu lange eingeengt und unsere Souveränität untergraben. Jetzt können wir selbst entscheiden, was für unser Land am besten ist.

Tom (Pro Brexit and freedom): I believe that Brexit was the best decision for the UK, Anna. Finally, we have control over our laws, borders, and money again. The EU had restricted us for too long and undermined our sovereignty. Now we can decide for ourselves what is best for our country.

Anna (Pro EU-Mitgliedschaft): Aber Tom, zu welchem Preis? Der Brexit hat die Wirtschaft schwer getroffen, der Handel ist schwieriger geworden, und viele Unternehmen haben das Land verlassen. Die EU hat uns Stabilität, wirtschaftliche Sicherheit und Zugang zu einem riesigen Binnenmarkt geboten. Jetzt stehen wir isolierter da als je zuvor, und das hat uns mehr geschadet als genutzt.

Anna (Pro EU membership): But Tom, at what cost? Brexit has hit the economy hard, trade has become more difficult, and many businesses have left the country. The EU gave us stability, economic security, and access to a huge single market. Now we are more isolated than ever, and that has harmed us more than it has helped.

Tom: Die kurzfristigen wirtschaftlichen Probleme sind zu erwarten gewesen, aber langfristig wird sich Großbritannien erholen. Jetzt haben wir die Freiheit, unsere eigenen Handelsverträge weltweit zu schließen, ohne die Bürokratie der EU. Länder wie Australien, Kanada und die USA sind schon interessiert. Wir sind nicht mehr an die strengen Regeln der EU gebunden und können uns wieder auf das konzentrieren, was für unser Land am besten ist.

Tom: The short-term economic problems were expected, but in the long run, the UK will recover. Now we have the freedom to make our own trade deals worldwide without EU bureaucracy. Countries like Australia, Canada, and the US are already interested. We are no longer bound by the strict EU rules and can focus again on what's best for our country.

Anna: Das klingt gut in der Theorie, aber die Realität ist viel komplizierter. Die Verhandlungen mit anderen Ländern dauern Jahre, und der Handel mit der EU, unserem größten Handelspartner, ist viel schwieriger geworden. Der bürokratische Aufwand hat zugenommen, und die Exporteure haben enorme Verluste erlitten. Und das alles für das Versprechen von mehr „Freiheit“, die sich bisher nicht ausgezahlt hat.

Anna: That sounds good in theory, but the reality is much more complicated. Negotiations with other countries take years, and trade with the EU, our biggest trading partner, has become much more difficult. Bureaucracy has increased, and exporters have suffered enormous losses. And all this for the promise of more "freedom," which hasn't paid off yet.

Tom: Aber es geht nicht nur um Handel, sondern auch um Selbstbestimmung. Wir müssen uns nicht mehr den Entscheidungen von Brüssel beugen. Die EU hat viel zu viel Macht über nationale Regierungen ausgeübt, und das ohne direktes Mandat der Bürger. Jetzt können wir unsere eigenen Entscheidungen treffen, ohne dass die EU uns vorschreibt, was wir zu tun haben.

Tom: But it's not just about trade, it's about self-determination. We no longer have to bow to decisions from Brussels. The EU exerted too much power over national governments, and without a direct mandate from the people. Now we can make our own decisions without the EU dictating what we should do.

Anna: Aber das war doch ein Mythos! Großbritannien hatte immer eine starke Stimme in der EU und konnte in vielen Bereichen mitbestimmen. Jetzt haben wir diese Stimme verloren und müssen von außen zusehen, wie wichtige Entscheidungen getroffen werden, die uns immer noch betreffen. Es ist naiv zu glauben, dass wir vollkommen unabhängig sein können, während wir geografisch und wirtschaftlich so eng mit Europa verbunden sind.

Anna: But that was a myth! The UK always had a strong voice in the EU and could influence many decisions. Now we've lost that voice and have to watch from the outside as important decisions are made that still affect us. It's naive to believe we can be completely independent when we are so geographically and economically tied to Europe.

Tom: Wir sind zwar geografisch nah an Europa, aber das bedeutet nicht, dass wir uns von der EU abhängig machen müssen. Großbritannien ist eine Weltmacht und kann auch außerhalb der EU stark bleiben. Es ist Zeit, dass wir unser eigenes Schicksal in die Hand nehmen. Die EU hat ihre eigenen Probleme – Bürokratie, Schuldenkrisen und politische Uneinigkeit. Wir sind besser dran, wenn wir uns von diesem Chaos distanzieren.

Tom: We may be geographically close to Europe, but that doesn't mean we have to depend on the EU. The UK is a global power and can remain strong outside the EU. It's time we took our own destiny into our hands. The EU has its own problems – bureaucracy, debt crises, and political disunity. We're better off distancing ourselves from this chaos.

Anna: Natürlich hat die EU ihre Probleme, aber sie bietet auch viele Vorteile – von der Reisefreiheit bis hin zu gemeinsamen Umweltnormen und wirtschaftlicher Zusammenarbeit. Jetzt, da wir draußen sind, verlieren wir all diese Vorteile. Junge Menschen haben weniger Möglichkeiten, im Ausland zu studieren oder zu arbeiten, und Unternehmen kämpfen mit neuen Handelsbarrieren. Der Brexit hat uns isoliert, nicht gestärkt.

Anna: Of course, the EU has its problems, but it also offers many benefits – from freedom of movement to common environmental standards and economic cooperation. Now that we're out, we've lost all these advantages. Young people have fewer opportunities to study or work abroad, and businesses are struggling with new trade barriers. Brexit has isolated us, not strengthened us.

Tom: Wir haben jetzt die Möglichkeit, unsere eigenen Regeln zu machen, ohne von Brüssel diktiert zu werden. Die Bürokratie der EU hat Innovation und Wachstum gehemmt. Jetzt können wir flexibler und agiler reagieren, insbesondere in Bereichen wie Technologie und Finanzen. Wir sind nicht mehr an die langsamen Entscheidungsprozesse der EU gebunden.

Tom: Now we have the opportunity to make our own rules without being dictated by Brussels. EU bureaucracy has stifled innovation and growth. Now we can react more flexibly and agilely, especially in areas like technology and finance. We are no longer bound by the slow decision-making processes of the EU.

Anna: Aber diese „Flexibilität" bedeutet auch weniger Schutz. Die EU hat hohe Standards, was Arbeitnehmerrechte, Datenschutz und Umweltschutz angeht. Jetzt haben wir weniger Garantien, dass diese Standards beibehalten werden. Unternehmen könnten anfangen, diese Freiheiten zu missbrauchen, um Kosten zu senken, auf Kosten der Arbeitnehmer und der Umwelt.

Anna: But this "flexibility" also means less protection. The EU has high standards for workers' rights, data protection, and environmental protection. Now we have fewer guarantees that these standards will be maintained. Companies might start abusing these freedoms to cut costs, at the expense of workers and the environment.

Tom: Ich vertraue darauf, dass Großbritannien in der Lage ist, seine eigenen Standards hochzuhalten, ohne die Vorgaben der EU. Wir haben eine lange Tradition des Rechts und des Schutzes von

Bürgerrechten. Jetzt können wir selbst entscheiden, was für unsere Wirtschaft und unsere Gesellschaft das Beste ist, ohne dass uns Brüssel dabei im Weg steht.

Tom: I trust that Britain is capable of upholding its own standards without the EU's directives. We have a long tradition of law and the protection of civil rights. Now we can decide for ourselves what's best for our economy and society, without Brussels getting in the way.

Anna: Aber was ist mit der Spaltung, die der Brexit in unserem Land verursacht hat? Schottland will vielleicht ein weiteres Referendum, um unabhängig zu werden, Nordirland hat durch das Nordirland-Protokoll große Probleme, und auch innerhalb Englands ist das Land tief gespalten. Der Brexit hat nicht die Freiheit gebracht, die versprochen wurde, sondern mehr Unsicherheit und Instabilität.

Anna: But what about the division that Brexit has caused in our country? Scotland might want another referendum to become independent, Northern Ireland faces big issues because of the Northern Ireland Protocol, and even within England, the country is deeply divided. Brexit hasn't brought the promised freedom but rather more uncertainty and instability.

Tom: Veränderungen bringen immer Herausforderungen mit sich. Aber diese Herausforderungen sind kurzfristig. Langfristig werden wir stärker und unabhängiger sein. Großbritannien hat eine stolze Geschichte und wird sich von diesen Problemen erholen. Es ist besser, jetzt diese Hürden zu überwinden, als für immer unter der Kontrolle der EU zu bleiben.

Tom: Change always comes with challenges. But these challenges are short-term. In the long run, we will be stronger and more independent. Britain has a proud history and will recover from these issues. It's better to overcome these hurdles now than to remain under the control of the EU forever.

Anna: Ich hoffe, du hast recht, aber bisher sehe ich mehr Chaos als Fortschritt. Die EU-Mitgliedschaft hat uns Sicherheit, Stabilität und Kooperation auf Augenhöhe geboten. Jetzt sind wir allein und müssen uns in einer zunehmend vernetzten Welt behaupten. Ich frage mich, ob der Preis für diese „Freiheit" nicht zu hoch war.

Anna: I hope you're right, but so far, I see more chaos than progress. EU membership gave us security, stability, and cooperation on equal terms. Now we are alone and must hold our own in an increasingly interconnected world. I wonder if the price for this "freedom" was too high.

Tom: Nur die Zeit wird zeigen, ob es die richtige Entscheidung war. Aber ich glaube, dass es besser ist, Risiken einzugehen und die Kontrolle über unser Schicksal zu haben, als in einer Union zu bleiben, die uns in vielerlei Hinsicht gefesselt hat. Der Brexit gibt uns die Chance, eine neue Richtung einzuschlagen, und ich bin optimistisch, dass Großbritannien daraus gestärkt hervorgehen wird.

Tom: Only time will tell if it was the right decision. But I believe it's better to take risks and have control over our destiny than to stay in a union that restricted us in many ways. Brexit gives us the chance to forge a new path, and I'm optimistic that Britain will emerge stronger.

Anna: Optimismus ist gut, aber wir dürfen die Realität nicht aus den Augen verlieren. Der Brexit hat viele negative Auswirkungen, die wir nicht einfach ignorieren können. Ich befürchte, dass wir noch lange mit den Folgen dieser Entscheidung leben müssen.

Anna: Optimism is good, but we can't lose sight of reality. Brexit has had many negative effects that we can't just ignore. I fear we will have to live with the consequences of this decision for a long time.

2500 Jahre jüdische Verfolgung und moderner Antisemitismus: Wie weit sind wir wirklich gekommen?

Miriam (Pro Jüdische Geschichte als fortwährende Verfolgung): Es ist erschreckend, dass Juden seit über 2500 Jahren verfolgt werden, und trotzdem gibt es auch heute noch antisemitische Tendenzen, Paul. Von der Antike über das Mittelalter bis hin zur Shoah – die Geschichte der Juden ist eine Geschichte des Leidens und der Ausgrenzung. Auch heute erleben wir wieder einen Anstieg von antisemitischen Angriffen, besonders in Europa. Haben wir denn nichts aus der Geschichte gelernt?

Miriam (Pro Jewish history as continuous persecution): It is terrifying that Jews have been persecuted for over 2,500 years, and yet there are still antisemitic tendencies today, Paul. From antiquity, through the Middle Ages, to the Holocaust – the history of the Jews is a history of suffering and exclusion. Even today, we are witnessing a rise in antisemitic attacks, especially in Europe. Haven't we learned anything from history?

Paul (Pro Differenzierung und Gegenmaßnahmen): Natürlich ist die Geschichte der Judenverfolgung tragisch, aber ich glaube, wir dürfen nicht pauschalisieren. In der Moderne haben viele Länder, besonders nach dem Holocaust, enorme Fortschritte gemacht, um Antisemitismus zu bekämpfen. Es gibt Gesetze, Bildungskampagnen und starke jüdische Gemeinden. Ja, es gibt immer noch Probleme, aber wir sollten auch die positiven Entwicklungen sehen.

Paul (Pro differentiation and countermeasures): Of course, the history of Jewish persecution is tragic, but I think we shouldn't generalize. In modern times, especially after the Holocaust, many countries have made enormous progress in fighting antisemitism. There are laws, educational campaigns, and strong Jewish communities. Yes, there are still problems, but we should also acknowledge the positive developments.

Miriam: Aber diese „positiven Entwicklungen" sind oft nur oberflächlich. Antisemitismus ist tief in vielen Kulturen verwurzelt, oft subtil, aber immer noch präsent. Selbst in Ländern mit starken jüdischen Gemeinden gibt es Vorurteile, und der Hass kommt nicht nur von rechts, sondern auch von links und aus islamistischen Kreisen. Es ist ein Problem, das nie wirklich verschwunden ist, sondern nur unter der Oberfläche brodelt.

Miriam: But these "positive developments" are often only superficial. Antisemitism is deeply rooted in many cultures, often subtle but still present. Even in countries with strong Jewish communities, there are prejudices, and the hate comes not only from the right but also from the left and from Islamist circles. It's a problem that has never really gone away, just simmering under the surface.

Paul: Ich verstehe deinen Punkt, aber wir sollten auch die Fortschritte anerkennen. Die internationale Gemeinschaft hat sich nach dem Holocaust zusammengetan, um sicherzustellen, dass solche Verbrechen nie wieder geschehen. Es gibt zahlreiche Initiativen, die das Bewusstsein für Antisemitismus schärfen und jüdisches Leben schützen. Wir leben nicht mehr in den dunklen Zeiten des Mittelalters oder des Nationalsozialismus.

Paul: I understand your point, but we should also acknowledge the progress made. After the Holocaust, the international community came together to ensure that such crimes never happen again. There are numerous initiatives that raise awareness of antisemitism and protect Jewish life. We no longer live in the dark times of the Middle Ages or Nazism.

Miriam: Und doch sehen wir heute, wie jüdische Menschen in Europa wieder Angst haben, eine Kippa zu tragen oder ihre Religion offen zu zeigen. Die Shoah sollte der tiefste Punkt in der Geschichte des Antisemitismus sein, aber der Hass ist nie ganz verschwunden. Von Attacken auf Synagogen bis zu

Verschwörungstheorien im Internet – die Bedrohung ist real, und wir dürfen sie nicht verharmlosen.

Miriam: And yet today, we see Jewish people in Europe once again afraid to wear a kippah or openly show their religion. The Holocaust should have been the lowest point in the history of antisemitism, but the hatred never completely disappeared. From attacks on synagogues to conspiracy theories on the internet – the threat is real, and we must not downplay it.

Paul: Ja, Antisemitismus existiert, und wir müssen wachsam bleiben, aber wir dürfen auch nicht in einer ständigen Opferhaltung verharren. Es gibt heute viele Unterstützungsmechanismen für jüdische Gemeinschaften, und wir müssen darauf aufbauen. Wenn wir nur auf das Negative schauen, übersehen wir die Fortschritte und die Solidarität, die es auch gibt.

Paul: Yes, antisemitism exists, and we must stay vigilant, but we also can't remain in a constant state of victimhood. There are many support systems for Jewish communities today, and we need to build on that. If we only focus on the negative, we overlook the progress and solidarity that also exist.

Miriam: Das Problem ist aber, dass der moderne Antisemitismus oft in neuen Formen auftritt, die schwer zu erkennen sind. Nehmen wir die Anti-Israel-Haltungen, die oft antisemitische Untertöne haben. Kritik an Israel ist natürlich legitim, aber oft wird sie genutzt, um alte antisemitische Klischees neu zu verpacken. Und das passiert nicht nur am rechten Rand, sondern auch im linken Spektrum und an Universitäten.

Miriam: The problem is that modern antisemitism often appears in new forms that are hard to detect. Take the anti-Israel stances, which often have antisemitic undertones. Criticism of Israel is, of course, legitimate, but it is often used to repackage old antisemitic stereotypes. And this happens not only on the right, but also on the left and in universities.

Paul: Da stimme ich dir zu, das ist ein schwieriges Thema. Es gibt sicherlich Fälle, in denen Anti-Israel-Haltungen in Antisemitismus umschlagen. Aber es ist auch wichtig, zwischen legitimer Kritik an der israelischen Regierung und echtem Antisemitismus zu unterscheiden. Nicht jede Kritik an Israel ist gleich antisemitisch, und wir müssen aufpassen, dass wir das nicht vermischen.

Paul: I agree with you, that's a tricky topic. There are certainly cases where anti-Israel stances turn into antisemitism. But it's also important to distinguish between legitimate criticism of the Israeli government and actual antisemitism. Not every criticism of Israel is antisemitic, and we must be careful not to mix the two.

Miriam: Aber das wird oft als Vorwand genutzt. Viele Kritiker von Israel benutzen klassische antisemitische Stereotype, ohne es offen zuzugeben. Das macht es schwer, den modernen Antisemitismus zu bekämpfen, weil er oft in eine politische Debatte eingebettet ist. Das ist gefährlich, weil es den Hass normalisiert und legitimiert, ohne dass er als solcher erkannt wird.

Miriam: But that is often used as an excuse. Many critics of Israel use classic antisemitic stereotypes without openly admitting it. This makes it difficult to fight modern antisemitism, as it's often embedded in political debate. This is dangerous because it normalizes and legitimizes hatred without being recognized as such.

Paul: Es ist eine schmale Gratwanderung. Wir müssen klar benennen, wenn Antisemitismus hinter Anti-Israel-Rhetorik steckt, aber wir sollten auch die Freiheit haben, politische Debatten zu führen, ohne ständig den Antisemitismus-Vorwurf zu fürchten. Eine offene Diskussion sollte immer möglich sein, aber natürlich ohne Hass oder Diskriminierung.

Paul: It's a fine line. We must clearly call out antisemitism when it hides behind anti-Israel rhetoric, but we should also have the freedom to engage in political debates without constantly fearing accusations of antisemitism. Open discussion should always be possible, but of course without hatred or discrimination.

Miriam: Das Problem ist, dass viele nicht erkennen, wann die Grenze überschritten wird. Was als politische Kritik beginnt, kann leicht in antisemitische Verschwörungstheorien abgleiten. Juden werden immer noch für globale Probleme verantwortlich gemacht, wie es seit Jahrhunderten der Fall ist. Der moderne Antisemitismus ist vielleicht subtiler, aber er ist genauso gefährlich.

Miriam: The problem is that many don't recognize when the line is crossed. What begins as political criticism can easily slide into antisemitic conspiracy theories. Jews are still being blamed for global problems, as has been the case for centuries. Modern antisemitism may be subtler, but it is just as dangerous.

Paul: Antisemitismus ist in der Tat gefährlich, und wir müssen alles tun, um ihn zu bekämpfen. Aber gleichzeitig müssen wir aufpassen, dass wir nicht jede kritische Stimme überempfindlich als antisemitisch abstempeln. Es ist wichtig, einen differenzierten Blick zu haben und nicht in Extreme zu verfallen.

Paul: Antisemitism is indeed dangerous, and we must do everything to combat it. But at the same time, we need to be careful not to label every critical voice as antisemitic too hastily. It's important to have a nuanced view and not fall into extremes.

Miriam: Das sehe ich auch so. Aber meine Sorge ist, dass wir nicht entschieden genug gegen Antisemitismus vorgehen. Die Geschichte hat gezeigt, wie schnell dieser Hass eskalieren kann. Wir dürfen nie aufhören, wachsam zu sein und antisemitische Tendenzen – egal woher sie kommen – zu bekämpfen.

Miriam: I agree with that. But my concern is that we are not taking a strong enough stand against antisemitism. History has shown how quickly this hatred can escalate. We must never stop being vigilant and fighting antisemitic tendencies – no matter where they come from.

Internationalismus vs. nationale Souveränität: Sollten globale Kooperationen oder nationale Unabhängigkeit im Vordergrund stehen?

Clara (Pro Internationalismus): Ich bin überzeugt, dass Internationalismus der richtige Weg für die Zukunft ist, Martin. In einer globalisierten Welt können wir die großen Herausforderungen wie Klimawandel, Armut und Kriege nur gemeinsam angehen. Nationale Souveränität ist wichtig, aber sie darf nicht über der globalen Verantwortung stehen. Wir müssen mehr internationale Kooperation fördern, um Lösungen zu finden, die für alle funktionieren.

Clara (Pro internationalism): I am convinced that internationalism is the right path for the future, Martin. In a globalized world, we can only tackle major challenges like climate change, poverty, and wars together. National sovereignty is important, but it cannot be placed above global responsibility. We need to promote more international cooperation to find solutions that work for everyone.

Martin (Pro nationale Souveränität): Ich verstehe deinen Punkt, Clara, aber nationale Souveränität sollte nicht zugunsten einer globalen Agenda aufgegeben werden. Jedes Land muss das Recht haben, seine eigenen Entscheidungen zu treffen, die den eigenen Bürgern am besten dienen. Wenn wir zu sehr auf Internationalismus setzen, riskieren wir, dass lokale Bedürfnisse übersehen werden und große internationale Organisationen die Kontrolle übernehmen.

Martin (Pro national sovereignty): I understand your point, Clara, but national sovereignty should not be sacrificed for a global agenda. Every country must have the right to make its own decisions that best serve its citizens. If we rely too much on internationalism, we risk overlooking local needs and letting large international organizations take control.

Clara: Aber nationale Souveränität ist doch oft ein Hindernis, wenn es darum geht, globale Probleme anzugehen. Klimawandel und Pandemien kennen keine Grenzen, und nationale Alleingänge können solche Krisen sogar verschlimmern. Internationale Zusammenarbeit ist nicht nur notwendig, sondern auch der einzige Weg, wie wir als Menschheit überleben können. Kein Land kann allein die großen Herausforderungen der heutigen Zeit bewältigen.

Clara: But national sovereignty is often an obstacle when it comes to tackling global problems. Climate change and pandemics know no borders, and national solo efforts can even worsen such crises. International cooperation is not only necessary but also the only way humanity can survive. No country can face the major challenges of today alone.

Martin: Es stimmt, dass internationale Probleme globale Lösungen erfordern, aber das bedeutet nicht, dass jedes Land seine Souveränität aufgeben sollte. Die Gefahr besteht, dass mächtige Länder oder globale Institutionen über kleinere Staaten dominieren. Souveränität bedeutet, dass Länder ihre eigenen Prioritäten setzen können, und das ist wichtig, um kulturelle und wirtschaftliche Vielfalt zu bewahren. Wir sollten auf Zusammenarbeit setzen, aber ohne dabei unsere nationale Unabhängigkeit zu opfern.

Martin: It's true that international problems require global solutions, but that doesn't mean every country should give up its sovereignty. The danger is that powerful countries or global institutions might dominate smaller states. Sovereignty means that countries can set their own priorities, and that's important for preserving cultural and economic diversity. We should cooperate, but without sacrificing our national independence.

Clara: Natürlich sollte kein Land gezwungen werden, seine Identität oder Unabhängigkeit aufzugeben, aber wir müssen lernen, global zu denken. Viele Probleme, die wir haben, wie Migration, wirtschaftliche Ungleichheit oder Umweltzerstörung, lassen sich nur durch kollektive Anstrengungen lösen. Nationale Alleingänge führen oft zu Kurzsichtigkeit und blockieren den Fortschritt. Die EU ist ein gutes Beispiel dafür, wie Länder durch Zusammenarbeit stärker werden können, ohne ihre Souveränität völlig aufzugeben.

Clara: Of course, no country should be forced to give up its identity or independence, but we need to learn to think globally. Many problems we face, like migration, economic inequality, or environmental destruction, can only be solved through collective efforts. National solo efforts often lead to short-sightedness and block progress. The EU is a good example of how countries can become stronger through cooperation without completely giving up their sovereignty.

Martin: Aber die EU hat auch ihre Schattenseiten. Viele Menschen in den Mitgliedsstaaten fühlen sich entfremdet, weil Entscheidungen in Brüssel getroffen werden, die oft an den Bedürfnissen der lokalen Bevölkerung vorbeigehen. Das Brexit-Referendum hat gezeigt, dass viele Menschen ihre nationale Souveränität höher schätzen als die Vorteile der internationalen Zusammenarbeit. Nationalstaaten sollten selbst entscheiden können, wie weit sie sich auf internationale Organisationen einlassen.

Martin: But the EU also has its downsides. Many people in member states feel alienated because decisions are made in Brussels that often overlook the needs of the local population. The Brexit referendum showed that many people value their national sovereignty more than the benefits of international cooperation. Nation-states should be able to decide for themselves how far they want to engage with international organizations.

Clara: Der Brexit hat aber auch gezeigt, wie schwierig es ist, nationale Souveränität in einer eng vernetzten Welt zu bewahren. Großbritannien hat nach dem Brexit mit wirtschaftlichen Problemen und Isolation zu kämpfen. Die Idee, dass ein Land allein besser dasteht, ist eine Illusion in der heutigen Welt. Durch Kooperation können wir stärker und widerstandsfähiger sein, gerade gegenüber globalen Herausforderungen wie Wirtschaftskrisen oder Sicherheit.

Clara: But Brexit also showed how difficult it is to maintain national sovereignty in a tightly interconnected world. After Brexit, the UK has struggled with economic problems and isolation. The idea that a country is better off alone is an illusion in today's world. Through cooperation, we can be stronger and more resilient, especially when facing global challenges like economic crises or security issues.

Martin: Aber diese Kooperation muss auf freiwilliger Basis geschehen, ohne dass Länder ihre Entscheidungsfreiheit verlieren. Nationale Souveränität ist nicht veraltet – sie ist der Kern der Demokratie. Wenn internationale Institutionen zu viel Macht haben, wird das oft von den Bürgern als Entfremdung und Verlust der Kontrolle wahrgenommen. Die Gefahr besteht, dass globale Eliten entscheiden, was für alle gut ist, ohne die lokale Bevölkerung zu berücksichtigen.

Martin: But this cooperation must happen on a voluntary basis, without countries losing their decision-making power. National sovereignty is not outdated – it is the core of democracy. When international institutions have too much power, citizens often feel alienated and perceive it as a loss of control. The danger is that global elites decide what's best for everyone without considering the local population.

Clara: Ich sehe die Gefahr einer Entfremdung, aber die Alternative ist, dass wir uns in Nationalismen und Isolationismus verlieren. Das hat in der Vergangenheit zu Kriegen und Konflikten geführt. Internationale Zusammenarbeit kann Frieden und Stabilität fördern. Es geht nicht darum, die Souveränität völlig aufzugeben, sondern gemeinsam Lösungen zu finden und sich gegenseitig zu unterstützen. In einer Welt, die zunehmend miteinander verbunden ist, müssen wir mehr zusammenarbeiten, nicht weniger.

Clara: I see the risk of alienation, but the alternative is that we lose ourselves in nationalism and isolationism. That has led to wars and conflicts in the past. International cooperation can promote peace and stability. It's not about giving up sovereignty entirely, but about finding solutions together and supporting one another. In a world that is increasingly interconnected, we need to work together more, not less.

Martin: Kooperation ja, aber nicht um jeden Preis. Es ist wichtig, dass Länder selbst entscheiden können, wie viel sie bereit sind, abzugeben. Internationale Zusammenarbeit darf nicht zu einem Zwang werden, der die Eigenständigkeit von Nationen untergräbt. Jeder Staat muss das Recht haben, seine eigenen Entscheidungen zu treffen, basierend auf den Bedürfnissen und Werten seiner Bevölkerung. Globale Probleme können auch durch Bündnisse und Partnerschaften gelöst werden, ohne dass man seine Souveränität aufgibt.

Martin: Cooperation, yes, but not at any cost. It's important that countries can decide for themselves how much they are willing to give up. International cooperation should not become a compulsion that undermines the independence of nations. Every state must have the right to make its own decisions based on the needs and values of its people. Global problems can also be solved through alliances and partnerships, without giving up sovereignty.

Clara: Partnerschaften und Bündnisse sind gut, aber sie sind oft nicht stark genug, um wirklich große globale Probleme zu bewältigen. Ohne feste internationale Strukturen, die verbindliche Entscheidungen treffen können, bleiben viele Probleme ungelöst. Die Klimakrise zum Beispiel erfordert globale Vereinbarungen, und wenn sich jedes Land nur um sich selbst kümmert, kommen wir nicht weiter. Souveränität ist wichtig, aber sie sollte nicht über der Notwendigkeit stehen, als globale Gemeinschaft zu handeln.

Clara: Partnerships and alliances are good, but they are often not strong enough to tackle really big global problems. Without solid international structures that can make binding decisions, many issues remain unresolved. The climate crisis, for example, requires global agreements, and if every country only looks after itself, we won't get anywhere. Sovereignty is important, but it shouldn't outweigh the need to act as a global community.

Martin: Aber diese globalen Strukturen könnten auch Macht über Länder ausüben, die nicht im Interesse der lokalen Bevölkerung liegt. Es gibt viele Fälle, in denen internationale Institutionen Entscheidungen treffen, die den Bedürfnissen der Menschen vor Ort widersprechen. Wir müssen einen Weg finden, wie wir globale Herausforderungen angehen können, ohne die Souveränität der Staaten zu untergraben. Denn am Ende wissen die Bürger eines Landes am besten, was für sie gut ist.

Martin: But these global structures could also exert power over countries in ways that are not in the interest of the local population. There are many cases where international institutions make decisions that contradict the needs of the people on the ground. We need to find a way to address global challenges without undermining the sovereignty of states. In the end, the citizens of a country know best what is good for them.

Clara: Das verstehe ich, aber wir dürfen nicht vergessen, dass wir alle auf diesem Planeten zusammenleben und die Probleme, mit denen wir konfrontiert sind, uns alle betreffen. Eine zu starke Betonung auf nationale Souveränität könnte uns daran hindern, die notwendigen Schritte zu unternehmen, um unsere Zukunft zu sichern. Ich glaube, dass wir einen Mittelweg finden müssen – internationale Zusammenarbeit, die Souveränität respektiert, aber auch globales Handeln ermöglicht.

Clara: I understand that, but we must not forget that we all live together on this planet, and the problems we face affect us all. Too strong an emphasis on national sovereignty could prevent us from taking the necessary steps to secure our future. I believe we need to find a middle way – international cooperation that respects sovereignty but also enables global action.

Martin: Da stimme ich dir zu. Es muss ein Gleichgewicht geben. Internationale Zusammenarbeit ist wichtig, aber sie darf nicht auf Kosten der nationalen Souveränität gehen. Jeder Staat sollte das Recht haben, selbst zu entscheiden, wie weit er sich auf internationale Kooperationen einlässt, ohne seine Unabhängigkeit zu verlieren.

Martin: I agree with you. There has to be a balance. International cooperation is important, but it shouldn't come at the expense of national sovereignty. Every state should have the right to decide for itself how far it wants to engage in international cooperation without losing its independence.

Clara: Genau, es geht um Balance. Souveränität und internationale Zusammenarbeit sollten sich nicht ausschließen, sondern ergänzen. Nur so können wir eine gerechtere und nachhaltigere Zukunft schaffen.

Clara: Exactly, it's about balance. Sovereignty and international cooperation shouldn't be mutually exclusive but should complement each other. Only then can we create a fairer and more sustainable future.

Wilde Hunde und Katzen: Einschläfern oder in der Wildnis lassen?

Julia (Pro Einschläfern): Ich denke, dass das Einschläfern von wilden Hunden und Katzen in vielen Fällen die humanere Lösung ist, Martin. Diese Tiere leben oft unter schrecklichen Bedingungen – ohne genug Nahrung, ohne Schutz vor Krankheiten. Außerdem stellen sie eine Gefahr für Menschen, andere Tiere und die Umwelt dar. Es ist besser, ihr Leiden zu beenden, als sie in einer unkontrollierten Population weiterleben zu lassen.

Julia (Pro euthanasia): I think that euthanizing wild dogs and cats is often the more humane solution, Martin. These animals often live under terrible conditions—without enough food, without protection from disease. They also pose a danger to humans, other animals, and the environment. It's better to end their suffering than to let them continue living in an uncontrolled population.

Martin (Pro in der Wildnis lassen): Aber Julia, Einschläfern sollte doch immer die letzte Option sein. Wilde Hunde und Katzen haben genauso ein Recht zu leben wie alle anderen Tiere. Sie einzuschläfern, nur weil sie in freier Wildbahn leben, ist eine grausame Lösung. Wir sollten uns lieber auf Kastrationsprogramme und andere Maßnahmen konzentrieren, um die Population unter Kontrolle zu bringen, ohne das Leben dieser Tiere zu beenden.

Martin (Pro letting them stay in the wild): But Julia, euthanasia should always be the last option. Wild dogs and cats have just as much right to live as any other animal. Euthanizing them just because they live in the wild is a cruel solution. We should focus more on neutering programs and other measures to control the population without ending the lives of these animals.

Julia: Kastrationsprogramme sind wichtig, aber sie reichen oft nicht aus. In vielen Regionen ist die Situation außer Kontrolle geraten, und die Tierheime sind überfüllt. Wilde Tiere verursachen

Verkehrsprobleme, greifen andere Tiere an und übertragen Krankheiten wie Tollwut. Es ist einfach nicht realistisch, alle Tiere zu kastrieren und in der Wildnis zu lassen, ohne das Problem an der Wurzel zu packen.

Julia: Neutering programs are important, but they're often not enough. In many regions, the situation has gotten out of control, and shelters are overcrowded. Wild animals cause traffic issues, attack other animals, and spread diseases like rabies. It's simply not realistic to neuter all the animals and leave them in the wild without addressing the problem at its root.

Martin: Aber Einschläfern ist keine langfristige Lösung. Es ist eher eine symptomatische Behandlung, die nicht das eigentliche Problem angeht. Wenn wir die Tiere kastrieren und dafür sorgen, dass sie sich nicht weiter vermehren, können wir das Problem langfristig lösen, ohne auf solch drastische Maßnahmen zurückzugreifen. Einschläfern ist ein endgültiger Schritt, der unnötig viele Leben kostet.

Martin: But euthanasia isn't a long-term solution. It's more of a symptomatic treatment that doesn't address the real problem. If we neuter the animals and ensure they don't continue to reproduce, we can solve the issue in the long term without resorting to such drastic measures. Euthanasia is a final step that costs too many lives unnecessarily.

Julia: Aber was ist mit dem Leid der Tiere? Viele dieser wilden Hunde und Katzen kämpfen täglich ums Überleben, sind krank oder verletzt. Ist es nicht gnädiger, sie einzuschläfern, anstatt sie weiterhin in einem Zustand von Hunger und Krankheit leben zu lassen? Wir sprechen hier von Tieren, die keine wirkliche Lebensqualität mehr haben und die zudem oft für Menschen gefährlich werden.

Julia: But what about the suffering of the animals? Many of these wild dogs and cats struggle daily to survive, are sick or injured.

Isn't it more merciful to euthanize them than to let them continue living in a state of hunger and disease? We're talking about animals that no longer have any real quality of life and often pose a danger to humans.

Martin: Natürlich sollten wir das Leid der Tiere minimieren, aber es gibt auch viele wilde Tiere, die in der Natur gut zurechtkommen. Nicht jedes Tier ist krank oder gefährlich. Viele können in ihrem Umfeld überleben, und sie verdienen es, diese Chance zu bekommen. Statt sie zu töten, sollten wir mehr in den Tierschutz investieren, um ihnen zu helfen, besser zu leben – durch Futterstationen oder Programme zur medizinischen Versorgung.

Martin: Of course, we should minimize the animals' suffering, but there are many wild animals that manage well in nature. Not every animal is sick or dangerous. Many can survive in their environment, and they deserve a chance to live. Instead of killing them, we should invest more in animal welfare to help them live better lives—through feeding stations or medical care programs.

Julia: Das klingt gut, aber in der Praxis ist es schwer umsetzbar. In vielen Ländern gibt es einfach nicht die Ressourcen, um all diese Programme flächendeckend durchzuführen. Das Problem wächst schneller, als wir es lösen können. Einschläfern mag grausam klingen, aber es ist oft der einzige Weg, um das Leiden der Tiere zu beenden und gleichzeitig die öffentliche Sicherheit zu gewährleisten.

Julia: That sounds good, but in practice, it's hard to implement. In many countries, there simply aren't the resources to carry out all these programs on a large scale. The problem is growing faster than we can solve it. Euthanasia may sound cruel, but it's often the only way to end the animals' suffering and ensure public safety at the same time.

Martin: Ich glaube, wir sollten zuerst alle Alternativen ausschöpfen, bevor wir ans Einschläfern denken.

Tierschutzorganisationen arbeiten hart daran, Lösungen wie TNR (Trap-Neuter-Return) umzusetzen, wo Tiere eingefangen, kastriert und dann in ihre natürlichen Umgebungen zurückgebracht werden. Diese Methode hat sich in vielen Ländern als erfolgreich erwiesen und könnte auch in anderen Regionen angewandt werden.

Martin: I believe we should exhaust all alternatives before considering euthanasia. Animal welfare organizations work hard to implement solutions like TNR (Trap-Neuter-Return), where animals are captured, neutered, and then returned to their natural environments. This method has proven successful in many countries and could be applied in other regions as well.

Julia: TNR funktioniert in einigen Fällen, aber nicht überall. In dicht besiedelten Gebieten oder in Ländern mit schlechter Gesundheitsversorgung für Tiere ist es einfach nicht praktikabel. Außerdem stellen wilde Hunde und Katzen auch eine Gefahr für die lokale Tierwelt dar, indem sie beispielsweise Vögel und andere Kleintiere jagen. Es geht also nicht nur um das Wohl der wilden Tiere, sondern auch um den Schutz der Ökosysteme.

Julia: TNR works in some cases, but not everywhere. In densely populated areas or in countries with poor animal healthcare, it's simply not practical. Additionally, wild dogs and cats pose a threat to local wildlife, such as hunting birds and small animals. So it's not just about the welfare of the wild animals, but also about protecting ecosystems.

Martin: Da stimme ich dir zu, dass wilde Tiere eine Bedrohung für die lokale Fauna sein können. Aber wir dürfen nicht vergessen, dass diese Tiere oft durch menschliches Handeln in diese Situation geraten sind – durch Zerstörung ihrer Lebensräume oder Aussetzung. Wir haben eine Verantwortung, ihnen zu helfen, anstatt sie einfach zu eliminieren.

Martin: I agree that wild animals can be a threat to local fauna. But we mustn't forget that these animals often ended up in this situation because of human actions—through habitat destruction or abandonment. We have a responsibility to help them rather than just eliminating them.

Julia: Verantwortung zu übernehmen bedeutet aber auch, schwere Entscheidungen zu treffen. In einigen Fällen ist Einschläfern der schnellste und humanste Weg, um das Leiden zu beenden und die Probleme zu lösen, die diese Tiere verursachen. Es ist keine perfekte Lösung, aber manchmal ist es die beste, die uns zur Verfügung steht.

Julia: Taking responsibility also means making tough decisions. In some cases, euthanasia is the quickest and most humane way to end suffering and solve the problems these animals cause. It's not a perfect solution, but sometimes it's the best option available.

Martin: Aber wir sollten nicht vergessen, dass diese Tiere fühlende Lebewesen sind. Es gibt immer Alternativen, die mehr Zeit und Ressourcen erfordern, aber sie sind es wert, verfolgt zu werden. Einschläfern sollte der allerletzte Ausweg sein, nicht die erste Option.

Martin: But we shouldn't forget that these animals are sentient beings. There are always alternatives that require more time and resources, but they're worth pursuing. Euthanasia should be the last resort, not the first option.

Julia: Das sehe ich auch so, aber in vielen Fällen haben wir einfach nicht genug Alternativen. Ich glaube, wir sollten den Fokus auf pragmatische Lösungen legen, die das Leiden reduzieren und die öffentliche Sicherheit gewährleisten, selbst wenn das manchmal bedeutet, schwierige Entscheidungen zu treffen.

Julia: I agree, but in many cases, we simply don't have enough alternatives. I believe we should focus on pragmatic solutions that reduce suffering and ensure public safety, even if that sometimes means making tough decisions.

Martin: Wir müssen weiter an langfristigen, nachhaltigen Lösungen arbeiten, die den Tieren eine Chance auf ein Leben geben, ohne dass wir ihnen dieses Leben nehmen.

Martin: We need to keep working on long-term, sustainable solutions that give the animals a chance to live without taking that life away from them.

Handys und Computer für Kinder vs. nur Bücher und Sport: Welche Erziehungsmethode ist besser?

Lena (Pro Handys und Computer): Ich finde, dass Handys und Computer für Kinder heutzutage unverzichtbar sind, Tim. Sie müssen früh lernen, wie man mit Technologie umgeht, weil das in der modernen Welt unerlässlich ist. Außerdem bieten diese Geräte Zugang zu einer Fülle von Informationen, Lernplattformen und kreativen Möglichkeiten, die Bücher allein nicht bieten können.

Lena (Pro cell phones and computers): I believe that cell phones and computers are indispensable for children these days, Tim. They need to learn early how to handle technology, as it is essential in the modern world. Moreover, these devices provide access to a wealth of information, learning platforms, and creative opportunities that books alone cannot offer.

Tim (Pro nur Bücher und Sport): Aber Lena, das Problem ist, dass Kinder zu viel Zeit vor Bildschirmen verbringen und dabei wichtige soziale und motorische Fähigkeiten vernachlässigen. Bücher und Sport fördern die Kreativität, Konzentration und körperliche Gesundheit viel besser. Kinder sollten sich auf echte Erfahrungen konzentrieren, anstatt in einer digitalen Welt zu versinken.

Tim (Pro only books and sports): But Lena, the problem is that children spend too much time in front of screens, neglecting important social and motor skills. Books and sports promote creativity, concentration, and physical health much better. Children should focus on real experiences instead of sinking into a digital world.

Lena: Natürlich ist es wichtig, dass Kinder auch draußen spielen und Sport treiben, aber die digitale Welt ist genauso real und relevant. Wenn sie nicht lernen, mit Computern umzugehen, werden sie später Schwierigkeiten haben, in der Arbeitswelt Fuß zu fassen. Außerdem gibt es viele Bildungs-Apps und Programme, die das Lernen fördern und den Kindern Spaß machen.

Lena: Of course, it's important for children to play outside and do sports, but the digital world is just as real and relevant. If they don't learn how to use computers, they will struggle later in the workforce. Moreover, there are many educational apps and programs that promote learning and make it fun for children.

Tim: Aber die Gefahr besteht, dass Kinder sich zu sehr auf digitale Geräte verlassen und süchtig nach ihnen werden. Es gibt Studien, die zeigen, dass zu viel Bildschirmzeit negative Auswirkungen auf die Konzentration, das Sozialverhalten und die Gesundheit hat. Bücher fördern tiefes Lesen und kritisches Denken, während Computer oft nur oberflächliches Wissen vermitteln.

Tim: But the danger is that children will become too dependent on digital devices and even addicted to them. Studies show that too much screen time negatively affects concentration, social behavior, and health. Books promote deep reading and critical thinking, while computers often convey only superficial knowledge.

Lena: Das stimmt, aber es kommt darauf an, wie man die Technologie nutzt. Wenn Eltern und Lehrer die Bildschirmzeit überwachen und sicherstellen, dass sie pädagogisch wertvolle Inhalte konsumieren, dann kann der Computer ein großartiges Werkzeug zum Lernen sein. Es geht nicht darum, Bücher komplett zu ersetzen, sondern um eine Ergänzung. Kinder können beides haben – Bücher und digitale Bildung.

Lena: That's true, but it depends on how technology is used. If parents and teachers monitor screen time and ensure that children consume educationally valuable content, then computers can be a great tool for learning. It's not about completely replacing books, but about complementing them. Children can have both—books and digital education.

Tim: Trotzdem sehe ich die Gefahr, dass der Fokus zu sehr auf Technik liegt. Kinder verlieren die Fähigkeit, sich in der realen Welt zu bewegen, und verpassen wertvolle soziale Erfahrungen, die sie nur durch Sport oder gemeinsames Spielen sammeln können. Außerdem fördert Sport Teamarbeit, Disziplin und Durchhaltevermögen – das sind Eigenschaften, die ein Kind nicht durch einen Bildschirm lernen kann.

Tim: I still see the danger that the focus will be too much on technology. Children lose the ability to navigate the real world and miss valuable social experiences that they can only gain through sports or playing together. Additionally, sports promote teamwork, discipline, and perseverance—qualities a child cannot learn through a screen.

Lena: Sport ist wichtig, keine Frage. Aber Technologie kann auch soziale Erfahrungen bieten, wie zum Beispiel durch Online-Spiele, die Teamarbeit erfordern, oder durch Projekte, bei denen Kinder zusammenarbeiten, um Probleme zu lösen. Wir leben in einer vernetzten Welt, und es ist wichtig, dass Kinder lernen, sich darin zurechtzufinden. Sie sollen ja nicht den ganzen Tag am Computer sitzen, aber ein ausgewogenes Verhältnis ist entscheidend.

Lena: Sports are important, no doubt. But technology can also provide social experiences, such as through online games that require teamwork or through projects where children work together to solve problems. We live in a connected world, and it's important for children to learn how to navigate it. They don't have to sit at the computer all day, but a balanced approach is key.

Tim: Die Realität ist, dass viele Kinder nicht dieses Gleichgewicht finden. Sie werden von den digitalen Medien regelrecht verschlungen und vernachlässigen andere wichtige Bereiche ihres Lebens. Die Welt der Bildschirme ist so konzipiert, dass sie süchtig macht, und Kinder sind besonders anfällig dafür. Bücher und Sport hingegen bieten eine gesunde Balance und fördern eine nachhaltige Entwicklung.

Tim: The reality is that many children don't find this balance. They are practically consumed by digital media and neglect other important areas of their lives. The world of screens is designed to be addictive, and children are especially vulnerable to it. Books and sports, on the other hand, offer a healthy balance and promote sustainable development.

Lena: Ich gebe dir recht, dass Bildschirmzeit kontrolliert werden muss, aber wir dürfen die Vorteile nicht ignorieren. Kinder, die früh mit Technologie in Kontakt kommen, sind oft selbstbewusster und besser auf die Herausforderungen der digitalen Arbeitswelt vorbereitet. Es ist die Aufgabe der Eltern, ein Gleichgewicht zu schaffen, aber Technologie sollte nicht verteufelt werden.

Lena: I agree that screen time needs to be controlled, but we can't ignore the benefits. Children who are exposed to technology early on are often more confident and better prepared for the challenges of the digital workforce. It's up to parents to create a balance, but technology shouldn't be demonized.

Tim: Ich glaube, wir müssen einfach vorsichtiger sein, wie viel Technologie wir den Kindern zumuten. Bücher und Sport haben über Jahrhunderte funktioniert, um Kinder zu erziehen und zu bilden. Wir müssen nicht alles durch Computer ersetzen, nur weil es die modernere Lösung ist. Manchmal sind die traditionellen Methoden die besseren.

Tim: I think we just need to be more cautious about how much technology we expose children to. Books and sports have worked for centuries to educate and develop children. We don't need to replace everything with computers just because it's the more modern solution. Sometimes the traditional methods are better.

Lena: Niemand sagt, dass Bücher und Sport weniger wichtig sind. Aber die Welt hat sich verändert, und wir müssen uns anpassen. Ein Kind, das nur mit Büchern und Sport aufwächst, könnte später Schwierigkeiten haben, in einer digitalen Welt mitzuhalten. Die Balance zwischen Tradition und Moderne ist der Schlüssel – beides kann nebeneinander existieren.

Lena: No one is saying that books and sports are less important. But the world has changed, and we need to adapt. A child who grows up only with books and sports might struggle later to keep up in a digital world. The balance between tradition and modernity is key—both can coexist.

Tim: Vielleicht, aber ich glaube, dass wir oft zu schnell nach neuen Technologien greifen, ohne die langfristigen Auswirkungen zu bedenken. Bücher und Sport sind zeitlos und fördern grundlegende menschliche Fähigkeiten, die ein Bildschirm nicht vermitteln kann. Wir müssen vorsichtig sein, wie wir Technologie in das Leben von Kindern integrieren, um ihre Entwicklung nicht zu gefährden.

Tim: Maybe, but I think we often reach for new technologies too quickly without considering the long-term effects. Books and sports are timeless and promote fundamental human skills that a screen can't teach. We need to be cautious about how we integrate technology into children's lives so that we don't jeopardize their development.

Lena: Ich sehe deine Bedenken, aber Technologie ist nun mal Teil unserer Zukunft. Wir sollten sie als Chance sehen, die Bildung und das Leben unserer Kinder zu bereichern – natürlich mit den richtigen Grenzen und einer ausgewogenen Herangehensweise.

Lena: I see your concerns, but technology is simply part of our future. We should see it as an opportunity to enrich the education and lives of our children—with the right boundaries and a balanced approach, of course.

Steuerhinterziehung vs. Steuerverschwendung und Veruntreuung durch Politiker: Wer trägt die größere Schuld?

Johanna (Pro Steuerhinterziehung als Selbstschutz): Ich finde es verständlich, dass manche Menschen versuchen, Steuern zu hinterziehen, Paul. Wenn man sieht, wie Politiker Steuergelder verschwenden oder für eigene Interessen veruntreuen, fragt man sich doch, warum man überhaupt so hohe Steuern zahlen sollte. Wofür? Damit das Geld in korrupte Hände fließt?

Johanna (Pro tax evasion as self-defense): I think it's understandable that some people try to evade taxes, Paul. When you see politicians wasting tax money or embezzling it for their own interests, you wonder why you should even pay such high taxes. For what? So that the money ends up in corrupt hands?

Paul (Pro gegen Steuerhinterziehung): Aber Johanna, Steuerhinterziehung ist illegal und moralisch verwerflich. Die Steuern sind dazu da, die Gesellschaft zu finanzieren – Schulen, Krankenhäuser, Infrastruktur. Nur weil es einige Politiker gibt, die das System missbrauchen, bedeutet das nicht, dass jeder das Recht hat, sich vor seiner Pflicht zu drücken. Steuerhinterziehung schadet am Ende allen.

Paul (Pro against tax evasion): But Johanna, tax evasion is illegal and morally wrong. Taxes are meant to fund society—schools, hospitals, infrastructure. Just because some politicians abuse the system doesn't mean everyone has the right to shirk their duty. In the end, tax evasion harms everyone.

Johanna: Klar, aber was ist, wenn das Geld nicht da ankommt, wo es hin soll? Schau dir die vielen Skandale an, bei denen Millionen von Steuergeldern in dubiose Projekte fließen oder für nutzlose Ausgaben verwendet werden. Es ist frustrierend, hart zu arbeiten, nur um dann zu sehen, wie das eigene Geld verschwendet wird. Steuerhinterziehung kann da wie eine Art Selbstverteidigung wirken.

Johanna: Sure, but what if the money doesn't go where it's supposed to? Look at the many scandals where millions of tax dollars flow into shady projects or are spent on useless expenses. It's frustrating to work hard only to see your own money wasted. Tax evasion can feel like a form of self-defense.

Paul: Ich verstehe den Frust, aber Steuerhinterziehung untergräbt das gesamte System. Wenn jeder nur das zahlt, was er will, bricht das Gemeinwesen zusammen. Politiker sollten natürlich zur Rechenschaft gezogen werden, wenn sie Steuergelder missbrauchen, aber das rechtfertigt nicht, dass Einzelpersonen ebenfalls illegal handeln. Wir müssen das System von innen heraus verbessern, nicht durch egoistische Handlungen zerstören.

Paul: I understand the frustration, but tax evasion undermines the entire system. If everyone only pays what they want, the community collapses. Politicians should certainly be held accountable if they misuse tax money, but that doesn't justify individuals acting illegally. We need to improve the system from within, not destroy it through selfish actions.

Johanna: Aber was, wenn das Vertrauen ins System komplett weg ist? Viele Menschen haben das Gefühl, dass ihre Steuern nicht fair verwendet werden. Korruption und Inkompetenz sind weit verbreitet, und es gibt oft keine Konsequenzen für Politiker, die sich bereichern. Steuerhinterziehung kann da als eine Art Protest verstanden werden – als Zeichen, dass das Volk die Nase voll hat.

Johanna: But what if trust in the system is completely gone? Many people feel their taxes aren't being used fairly. Corruption and incompetence are widespread, and there are often no consequences for politicians who enrich themselves. Tax evasion can be seen as a form of protest—a sign that the people are fed up.

Paul: Protest ja, aber nicht auf diese Weise. Steuerhinterziehung trifft nicht die Politiker, sondern die Gesellschaft. Weniger Steuereinnahmen bedeuten schlechtere Schulen, weniger Sozialleistungen und marode Infrastruktur. Wenn Menschen unzufrieden sind, sollten sie politisch aktiv werden, anstatt sich durch illegale Mittel aus der Verantwortung zu stehlen.

Paul: Protest, yes, but not this way. Tax evasion doesn't hurt the politicians—it hurts society. Fewer tax revenues mean worse schools, fewer social services, and crumbling infrastructure. If people are dissatisfied, they should become politically active instead of shirking their responsibility through illegal means.

Johanna: Natürlich gibt es auch andere Formen des Protests, aber Steuerhinterziehung ist ein direkter Weg, um zu zeigen, dass man mit dem System nicht einverstanden ist. Es ist eine Art, sich gegen das ungerechte System zu wehren. Warum sollten die Bürger für die Fehler und Verbrechen der Politiker aufkommen? Vielleicht muss erst Druck entstehen, damit sich etwas ändert.

Johanna: Of course, there are other forms of protest, but tax evasion is a direct way to show dissatisfaction with the system. It's a way of fighting against an unjust system. Why should citizens pay for the mistakes and crimes of politicians? Maybe pressure needs to build for things to change.

Paul: Aber dieser Druck führt nur zu mehr Ungerechtigkeit. Wenn reiche Menschen Steuern hinterziehen, bleibt die Last auf den Schultern derer, die sich keine Tricks leisten können. Es entsteht eine noch größere Kluft zwischen Arm und Reich. Und was die Politiker betrifft – das System kann nur durch Transparenz und Kontrolle verbessert werden, nicht durch einen Steuerboykott, der die Falschen trifft.

Paul: But that pressure only leads to more injustice. When wealthy people evade taxes, the burden falls on those who can't afford such tricks. The gap between rich and poor widens. As for the politicians—the system can only be improved through transparency and oversight, not through a tax boycott that hurts the wrong people.

Johanna: Aber was ist mit den vielen Fällen, in denen Politiker oder Regierungsbeamte Steuergelder direkt in die eigene Tasche stecken? In solchen Fällen sind es doch die Politiker, die die Gesellschaft betrügen. Wie kann man von den Bürgern erwarten, ihre Steuern ordnungsgemäß zu zahlen, wenn das Vertrauen in die Regierung so oft missbraucht wird?

Johanna: But what about the many cases where politicians or government officials pocket tax money for themselves? In such cases, it's the politicians who are betraying society. How can citizens be expected to pay their taxes properly when trust in the government is so often abused?

Paul: Das ist ein berechtigter Punkt. Korruption muss bekämpft werden, und es sollten harte Strafen für Politiker geben, die Steuergelder veruntreuen. Aber das ist kein Freifahrtschein für die Bürger, sich selbst über das Gesetz zu stellen. Wenn wir alle nach diesem Prinzip handeln, wird das System kollabieren, und diejenigen, die auf staatliche Unterstützung angewiesen sind, leiden am meisten.

Paul: That's a valid point. Corruption must be fought, and there should be harsh penalties for politicians who embezzle tax money. But that's no free pass for citizens to place themselves above the law. If we all act by this principle, the system will collapse, and those who rely on government support will suffer the most.

Johanna: Vielleicht ist der Kollaps des Systems ja genau das, was nötig ist, um echte Reformen herbeizuführen. Wenn die Bürger weiterhin blind Steuern zahlen, ohne zu sehen, wo das Geld hingeht, wird sich nie etwas ändern. Steuerhinterziehung könnte eine Möglichkeit sein, das System zu einem Wandel zu zwingen.

Johanna: Maybe the collapse of the system is exactly what's needed to bring about real reforms. If citizens keep blindly paying taxes without knowing where the money goes, nothing will ever change. Tax evasion could be a way to force the system to change.

Paul: Oder es könnte das Gegenteil bewirken und nur noch mehr Chaos verursachen. Die Antwort auf Steuerverschwendung und Korruption ist nicht Steuerhinterziehung, sondern stärkere Kontrollen, mehr Transparenz und politische Reformen. Am Ende ist es unsere Verantwortung, das System zu verbessern, nicht zu zerstören.

Paul: Or it could have the opposite effect and cause even more chaos. The answer to tax waste and corruption isn't tax evasion, but stronger oversight, more transparency, and political reforms. In the end, it's our responsibility to improve the system, not destroy it.

Johanna: Ich gebe dir recht, dass das System verbessert werden muss. Aber es ist schwer, Vertrauen in ein System zu haben, das so oft versagt. Solange Politiker nicht zur Rechenschaft gezogen werden, wird es immer Menschen geben, die versuchen, sich durch Steuerhinterziehung zu wehren.

Johanna: I agree that the system needs improvement. But it's hard to have trust in a system that fails so often. As long as politicians aren't held accountable, there will always be people who try to fight back through tax evasion.

Paul: Das Vertrauen muss wiederhergestellt werden, aber das geht nur durch aktive Beteiligung und Reformen. Steuerhinterziehung schwächt die Gesellschaft und vertieft nur die bestehenden Probleme.

Paul: Trust must be restored, but that can only happen through active participation and reforms. Tax evasion weakens society and only deepens existing problems.

ISBN:9798224891757

Learn German with Adventures

ISBN:9798227368034

Learn German with

The most Persecuted People in History

The Victim of the Wagogo

Exclusive on   www.briansmith.de

"The Victim of the Wagogo" by Rudolf de Haas is a gripping historical adventure set in German East Africa during World War I. Through the eyes of German soldiers, local Askari fighters, and the proud Wagogo people, the novel vividly portrays the clash of cultures, loyalty, and survival in a land torn by conflict. De Haas, drawing on his own experiences, weaves a tale rich in action, historical detail, and human drama.